全方位运营攻略

CREATIVE COPYWRITING

创意文案

杨光◎主编／朱雁◎著

民主与建设出版社

·北京·

图书在版编目（CIP）数据

全方位运营攻略 . 3, 创意文案 / 朱雁著 . -- 北京 : 民主与建设出版社 , 2020.9

ISBN 978-7-5139-3156-4

Ⅰ . ①全… Ⅱ . ①朱… Ⅲ . ①电子商务－运营②电子商务－应用文－写作 Ⅳ . ① F713.365

中国版本图书馆 CIP 数据核字 (2020) 第 152213 号

创意文案
CHUANG YI WEN AN

丛书主编 杨 光
著　　者 朱 雁
责任编辑 刘树民
封面设计 喆 人
出版发行 民主与建设出版社有限责任公司
电　　话 （010）59417747 59419778
社　　址 北京市海淀区西三环中路 10 号望海楼 E 座 7 层
邮　　编 100142
印　　刷 三河市德利印刷有限公司
版　　次 2020 年 9 月第 1 版
印　　次 2020 年 9 月第 1 次印刷
开　　本 880 毫米 ×1230 毫米　1/32
印　　张 6
字　　数 120 千字
书　　号 ISBN 978-7-5139-3156-4
定　　价 198.00 元（全 6 册）

前　言
Preface

创意文案是干啥的？

创意从何而来？

创意文案的“钱途”何在？

……

本书将会打破传统文案的刻板印象，帮助读者重新认识创意文案，并且让那些渴望成长的文案们找到成长的原动力。

在内容的设计上，本书不仅传授创意文案内容的创作技巧，还重点阐述了：体系化的创意文案知识框架，规范化的创意文案工作流程，用数据指导创意文案的内容生产，短期与长期相结合的职业发展规划。

之所以这样设计，是因为：

首先，内容创作不能为创意而创意，需要为企业的品牌发展及市场推广服务，这要求从业者有体系化的文案知识框架。

其次，由于创意文案的日常工作偏向琐碎，规范化的流程有助力于提升工作效率。

再次，结合当下的 MarTech 及增长黑客的运营手段，创意文案需要借助数据分析，提升内容的品牌和推广的效果。

最后，低头干活，抬头看路。想要在职场上走得更远，当下的努力必须与长远的职业规划相结合。

基于以上认识，本书将通过六章逐一讲解：

第一章介绍了创意文案的职责要求、类型、价值、知识能力要求及具体的工作内容；

第二章讲解了创意文案在日常工作中的工作流程与步骤，并且紧跟时代发展需求，将内容投放及数据分析纳入了工作流程；

第三章讲述了 6 种常见的广告创意文案的创作技巧与数据分析方法，以及如何运用数据化思维提升广告效果；

第四章提供了 5 类常见的品牌创意文案创作技巧，另外增加品牌手册内容，以帮助企业市场营销部门更好地实现营销战略落地；

第五章介绍创意文案自我修炼与提升的技巧；

第六章阐述了创意文案的职业发展策略。

开卷有益。本书贴近实际，实用性强，既有明确的技巧指导，又有相应的案例分析。对于企业营销人员、创意文案及相关的从业者，都具有较高的指导意义。

目录

CONTENTS

01

创意文案必知的 5 个要点

02

创意文案创作的 9 条军规

广告创意文案的 5 个绝招

品牌创意文案的 5 大秘籍

05 创意文案修炼的 7 大技巧

06 创意文案职场成长指南

01

创意文案必知的 5 个要点

广告看起来就那么简单，而且为了吸引简单的人们，它也必须简洁明了。但是在这条广告的背后，很可能是大量的数据、大量的信息和好几个月的调查研究。所以，广告业不是懒人待的地方。

——克劳德·霍普金斯

要点 1：创意文案的职责要求

创意文案是什么？

通常有两种解释：是一种由文字作为承载体的表现形式；是一种职位的称呼。

当创意文案是一种由文字作为承载体的表现形式时，是指需要对所传播的信息进行设计，以新颖的形式和独特的表现手法，并在画面、视频和声音的配合下，使得受众能够从茫茫的信息海洋中，更加容易地发现、理解、记住甚至再次传播该内容。

究其根本原因在于，其存在是为了达成商业目标，如推广品牌、产品销售、广告促销等。

当创意文案是一种职位的称呼时，其核心词是文案，原指放书的桌子，后指在桌子上写字的人，现在通常用来指代公司或者企业中从事文字工作的职位，即以文字来表现已经制定的营销策略。又因为该岗位需要极强的创意思维和创新能力，并且能够以独具一格的文案内容引导用户关注企业及品牌，并形成一定的销售转化。

由于工作内容的相似和相近，创意文案在招聘时，也常以创意文案策划、品牌策划、广告策划、文案策划等职位出现。该职位通常多存在于广告公司、媒体公司、电商公司及互联网公司。

下面以两则创意文案的招聘信息为例，来进一步了解该职位的特点：

1. 某互联网公司招聘时的“岗位职责”

（1）协助完成品牌推广中文字创意部分；具有创意发想及逻辑思考能力和文字驾驭能力，能够独立完成创意文案撰写；

（2）广告主题、品牌推广、活动策划、H5、App 日常运营等相关文案创意发想；

（3）保证文案出品质量，确保策略在文案方面的落实；

（4）搜集行业相关的信息。

2. 某广告公司招聘时的“岗位职责”

（1）负责传播文案的创意和撰写；

（2）整合产品资料，挖掘洞察、深度挖掘卖点，提炼产品核心竞争力，形成海报文案；

（3）擅长广告语、slogan 等文案的撰写。

综合以上两个不同行业对于创意文案岗位职责的描述，我们会发现创意文案主要是负责挖掘创意卖点，制定营销策略，围绕品牌和产品撰写海报、广告语、App、H5 等内容，同时对于应聘者都明确地提出了有关创意能力的要求。

要点 2：创意文案有哪些类型

当创意文案是由文字作为承载体的表现形式时，可分别根据

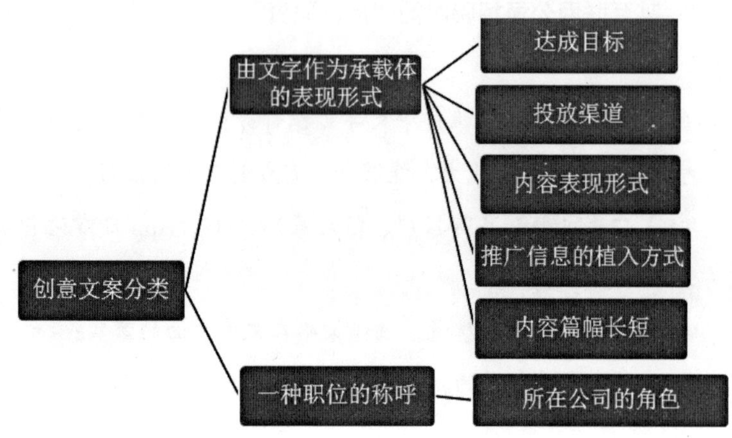

图 1-1　创意文案的类型

五种维度进行划分：a.达成目标，b.投放渠道，c.内容表现形式，d.推广信息的植入方式，e.内容篇幅长短；当创意文案作为一种职位的称呼时，则根据其所在公司的角色进行划分（如图 1-1）。

以下是对于这 6 种划分维度的详细阐释：

1. 根据创意文案的达成目标

（1）广告效果类：主要目标是通过广告等形式公开而广泛地向公众传递信息，进而完成转化目标，如带来注册用户和付费购买。常见的包括：广告语、邮件广告、短信广告、信息流广告等。广告类的更偏向微观，追求投入产出比，要求每次广告类的投放都能直接影响产品销量。

（2）品牌公关类：主要目标是为了推广品牌，提升品牌的知名度及维护品牌的美誉度。常见的包括品牌名、品牌 slogan、品牌故事、品牌热点文案、品牌新闻稿等。品牌类的更偏向宏观，因此通常无法直接较好的量化其效果。

2. 按照创意文案的投放渠道

（1）线上创意文案

主要是指以互联网为载体，且通过各类互联网平台进行传播的创意文案。常见的包括：微信公众号推文、网页广告、微博推文、App 文案及电商详情页等。

（2）线下创意文案

主要是指围绕线下场景，如地铁、公交、商场、展览馆等场所，结合图片、视频等形式而撰写的创意文案，常见的包括：电梯广告、地铁广告、商场 POP 广告、宣传折页、公交车身广告等。

3. 根据创意文案的展现形式

不同的传播渠道会影响创意文案的展现形式。

例如，同属微信体系，朋友圈的内容展现形式包括：纯文字、纯图片、文字 + 图片、文字 + 小视频。公众号的内容展现形式则包括：纯文字、图片、图文结合、音频、视频等。可见，针对不同的内容渠道，即便是同样主题的内容，创意文案的展现形式也需要随之改变。

4. 根据内容的篇幅长短

通常以字数作为划分标准，超过 1000 字的为长文案，低于 1000 字的为短文案。

不过创意文案的长短并不是衡量其是否有效、是否出色的一个标志。写长文案还是短文案是由创意、版面与时间、内容信息量、行业特性等诸多因素而确定的。

5. 根据推广信息的植入方式

当推广信息的植入方式是直接的、明确的介绍其商品、服务和价格时，我们称其为硬文案；而与之相反时，我们称其为软文案。

以我们耳熟能详的某挖掘机文案为例：

（1）硬文案

挖掘机学校哪家强，中国山东找蓝翔，近百台世界各地先进设备供学员实习，试学一月不收任何费用，山东蓝翔高级技工学校！

（2）软文案

2000 年当第一次公开恋情时，王 X31 岁，谢 XX20 岁，王 X 年龄是谢 XX 的 1.55 倍。转眼到了 2014 年，如今两人破镜重圆，王 X45 岁，谢 XX34 岁，王 X 的年龄是谢 XX 的 1.32 倍。现在问题来了：一，求两人年龄倍数与公历年的时间序列收敛函数。二，这事给张 XX、李 XX 留下了不小的心理阴影，求阴影面积是多少？三，如果用挖掘机填补阴影面积，那请问，挖掘机技术哪家强？

6. 根据创意文案的所在公司的角色

（1）甲方公司

很多企业为了方便自身品牌宣传、市场推广等工作的展开，都会设置内部的创意文案岗位。该岗位常常被放在品牌部、策划部、市场部等部门之下。

以某集团旗下物联网公司招聘创意文案的需求为例：

职责描述：

深度研究产品及行业情况，负责公司品牌宣传文案的策划、创意、撰写；

根据品牌营销的不同目标，独立撰写营销、新闻公关、市场深度等品牌相关和市场化文案；

结合品牌、社会热点和消费者认知，策划和撰写具有传播力的营销内容或话题点；

负责新闻稿件、公文、企业文化建设等品牌官方材料的撰写；

把控品宣输出的调性及准确性，对文宣内容进行审定；

针对活动要求，策划撰写策划方案、视频脚本等。

任职要求：

全日制本科及以上学历，中文、广告、新闻传播、汉语言文学等相关专业，3 年以上 3C 电子、人工智能、互联网、智能硬件等行业文案策划撰写经验；

文字功底强，具有较强的逻辑思考能力和策略思维，深度挖掘公司品牌产品的亮点和传播点，具备较强的洞察力，独立思考和分析能力；

对社会化传播与内容营销有较全面的认识，媒体编辑或记者从业人员优先；

善于从用户与读者角度出发，具创新思维，具备较强的人际沟通能力，善于在公司内外部挖掘素材，态度积极主动，学习能力强；

热爱文字，创意策划工作，能适应长期以撰稿为主的工作。

通过上面的招聘信息可知，甲方公司所设置的创意文案岗位，其工作重心主要是围绕着公司自身的业务而展开，除了常规的创意文案知识，还必须掌握公司所在行业的业务知识。

（2）乙方公司

创意文案所在的乙方公司，主要是指 4A 广告公司、传媒公司、公关公司等，一般来说，在这样的公司，有机会接触到各行各业的创意文案需求。

以某知名广告公司招聘创意文案的需求为例：

岗位职责：

结合客户品牌发展战略制定营销方案规划；

根据品牌调性和客户需求，提出准确的创意策略，产出如 slogan、海报、短视频等文案及创意；

能够清晰地向客户阐述和表达创意观点，能够策略性地说服引导客户。

职位要求：

本科学历，新闻、广告及相关专业；

3 年以上数字营销、social 文案创意策划经验，逻辑性强，可独立成案；

能快速了解品牌属性和价值，优秀的文案功底；

具有良好的职业素养，思维活跃，责任心强，有敬业精神及团队合作精神；

有电商经验为佳。

结合上面的招聘信息可知，对于乙方的创意文案来说，由于有机会服务不同行业的客户，因此快速学习客户的行业知识，运用专业能力搞定客户，赢得客户的信赖是其工作的重点。

要点 3：创意文案的价值在哪里

创意文案的价值在哪里？本小节将会分别从两个方面进行展开。

1. 创意文案作为一种职位的名称

作为一种职位的名称，创意文案是社会分工不断细化的结果，其主要价值是在于通过文案内容提升品牌认知以及销售转化。

由于其岗位价值更多是通过工作内容来展现，因此，这里着重讲解当创意文案作为一种内容的表现形式时其价值的所在。

2. 创意文案作为一种由文字作为承载体的表现形式

作为一种由文字作为承载体的表现形式，创意文案主要具有四类价值：引流价值、吸粉价值、变现价值和品牌价值。

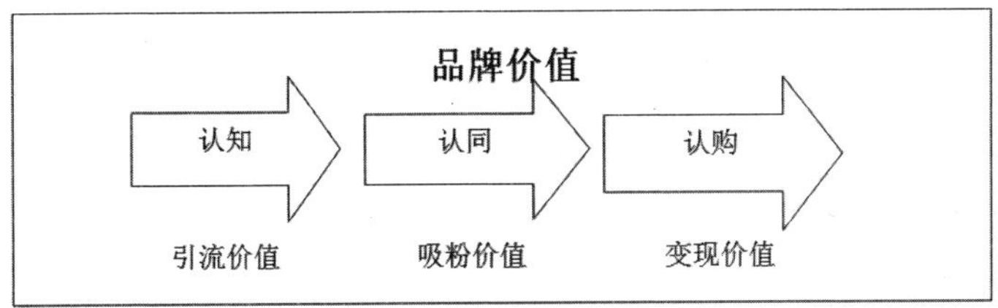

图 1-2　消费者心理路径三部曲

我们围绕消费者的心理路径三部曲即认知、认同和认购进行展开。当创意文案作用于认知步骤时则体现了其引流价值；作用于认同步骤时则体现了其吸粉价值；作用于认购步骤时则体现了其变现价值；而同时作用于三个步骤时则体现了其品牌价值（如图 1-2）。

我们以女性服装品牌“步履不停”为例子：

（1）何为认知：即创意文案让用户对品牌产生认知，认识并知道。这里体现的是创意文案的引流价值。

图 1-3 “步履不停”的创意文案

对于大多数“步履不停”的粉丝来说，第一次知晓这个品牌都是始于如下文案（如图 1-3）：

你写 PPT 时，
阿拉斯加的鳕鱼正跃出水面；
你看报表时，
梅里雪山的金丝猴刚好爬上树尖。
你挤进地铁时，
西藏的山鹰一直盘旋云端；
你在会议中吵架时，
尼泊尔的背包客一起端起酒杯坐在火堆旁。
有一些穿高跟鞋走不到的路，
有一些喷着香水闻不到的空气，
有一些在写字楼里永远遇不见的人。

同样都是围绕着“世界那么大，我想去看看”，但是这段文字却格外的动人心弦，让人身在写字楼却开始向往在路上的生活，同时也开始关注并知晓该品牌。此时，这段创意文案就已经完成了其引领价值。

（2）何为认同：即获得公众信任、好感、接纳和欢迎。这里体现的是创意文案的吸粉价值。

是背包四方流浪，
还是留守格子小间？
是跋山涉水远足，
还是 K 歌狂欢宿醉？
有什么样的愿望，有什么样的人生。

“步履不停”将整体的品牌消费者定位于“明朗的文艺青年”“有行动力的文艺青年”，提倡是“埋怨是没有用的，世界不会因为你的埋怨而改变”“认识自由的，起码心灵应该是自由的”等理念，并且通过文案不断强化其定位和理念，最终吸引了众多文艺女青年成为其粉丝，并在厮杀激烈的淘宝女装品牌中找到了一席之地。

（3）何为认购：即由于用户对品牌产生了一定的信任、承诺和情感维系，甚至是情感依赖，即已经对于该品牌产生了一种“认购”关系，表现为在相似的产品之间，能长期稳定购买。这里体现的是创意文案的变现价值。

这是“步履不停”淘宝店中一款棉麻文艺背带裙的推广文案：

生活总是有这样或那样的问题：
腿不够细，
胸不够丰，

男朋友不够帅。

就像两个小老板，

为了更好的鞋子。

更优雅的裙子，

更多的钱。

终日奔波，

没完没了。

闲时想想，

这是个大怪圈。

因为总是会有更细的腿，更丰的胸，更帅的男人。

假如全世界的钱都归了小老板，

小老板的一生可能就要忙死在数钱上。

淡定的生活，

很容易说的话语。

很难达到的境界。

祝每一个看到这句话的你都淡定。

该段文案以文艺女青年的日常迷思为切入点，阐释如何在不完美的现实中拥有淡定的生活，促使其在认同“步履不停”所传达的理念时，完成购买棉麻文艺背带群的动作。通过这种方式，创意文案完成了其变现价值。

（4）何为品牌价值？指品牌在消费者心目中的综合形象——包括其属性、品质、档次（品位）、文化、个性等，代表着该品牌可以为消费者带来的价值。

以“步履不停”为例，凭借优秀的文案，该品牌不仅被称为“淘宝第一文案”。而且还由于其文案金句写得好，被消费者们拿来写朋友圈表达心情，突破了现有淘宝顾客的圈层限制，实现了全民传播，这导致潜在顾客，也会很快认识、信任并购买该品牌。

图 1-4　脑白金广告

同样，这样的例子很多：

脑白金将自身定位为礼品，常年如一日的宣传其广告语“今年过年不收礼收礼只收脑白金”（如图 1-4），从而成功地将其自己和送礼绑定在一起，这使得消费者们即便不喜欢脑白金的洗脑广告，但是在进入超市后，面对琳琅满目的礼品不知所措，最后还是选择了脑白金。

图 1-5　DR 钻戒广告

DR 钻戒（Darry Ring）作为珠宝品牌，规定其钻戒每位男士一生仅可凭身份证购买一枚，且这唯一的钻戒是用来送给他一生最爱的人，寓意一生唯一至爱（如图 1-5）。这种以“一生仅一枚”的独特定制来诠释“一生·唯一·真爱”的动人理念，使得其成为珠宝行业中极具浪漫的求婚钻戒标志。这样的品牌价值不仅打动了无数的情侣，而且更重要的是使其从无数大同小异的珠宝品牌中脱颖而出。

综上所述，当创意文案作为岗位名称时，其价值在于其能够更加专业地为企业开拓品牌及市场；当创意文案作为一种内容的表现形式时，其价值主要是引领价值、吸粉价值、变现价值和品牌价值。

要点 4：为什么说不是谁都能当创意文案

很多人认为当一个创意文案很容易，不就是写几个字吗？也有人认为当创意文案实在太难了，因为整天都要思考各种新创意，而

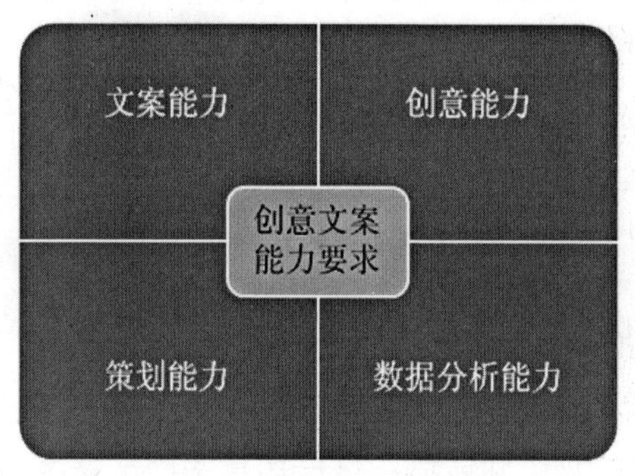

图 1–6 创意文案的能力要求

创意又不是水龙头里的水，扭开了就有。那么，到底什么样的人适合做创意文案呢？

1. 创意文案的能力要求

创意文案最被关注的能力主要是：文案能力、创意能力和策划能力（如图 1–6）。不过，还有一项能力容易被绝大多数人忽视，即：数据分析能力。

（1）文案能力

文案能力是创意文案最基础且必备的能力，不仅要求能写，而且要求会写。具体要求如下：

①文案语言：表达流畅、逻辑清晰、无错字、无病句、无歧义等语法问题，能够和目标受众的认知水平相匹配，并且准确的传达内容主旨。

②文案风格：针对不同场景下的文案需求，正经、幽默、高冷、卖萌、搞笑、耍酷等风格均可手到擒来，提升受众对于创意文案的感知水平。

③文案技巧：由于创意文案的形式繁多，如品牌口号、广告语、电商详情页等，其写作技巧都不尽相同。如品牌口号要求用寥寥数字就能点明品牌核心亮点；广告语则要求能够快速吸引目标人群的注意力；电商详情页则需要结合图片，触达受众的产品需求，说服受众发生购买行为。因此，就要求创作者要掌握多种不同内容形式的写作技巧，才能够更好地完成工作。

（2）创意能力

我们每天都要被无数的信息所轰炸，任何不能引发我们兴趣的内容，则会被我们忽视，其原本想要达成的品牌推广、产品促销等目标也会随之以失败而告终，还可能造成大量的推广资源的浪费。为了避免这样的窘境发生，就必然要求文案创作者需要具备较高的创意能力。

虽然很多人认为创意能力更多是天赋使然，但实际上也能通过后天的练习获得。在詹姆斯·韦伯·扬（James Webb Young）的经典著作《创意的生成》一书中提出，创意即旧元素的新组合。因此，需要在日常创意能力训练过程中，需注重以下

5个步骤：

步骤一：让大脑尽量吸收原始素材，特殊素材（和产品和受众相关）和一般素材（平日积累）。

步骤二：咀嚼搜集来的材料，直至充分吸收。

步骤三：放下这个事情，先做点什么事情都行，让它在脑子里慢慢发酵。

步骤四：晚上睡觉之前，把这个事情想一遍，让潜意识运行，等创意诞生，你只负责记录。

步骤五：将刚诞生、热热乎的创意应用于现实，做进一步修正和发展，使之符合现实。

（3）策划能力

创意文案在工作中需要用文字来表现已经制定的营销策略，而营销策略的产生则需要其具备策划能力。

什么是策划能力？其指策略思考与计划编制等能力的统称。由于任何创意文案的工作，都是基于当前资源和条件的考量之下，那么如何才能将资源利用最大化，这一切都离不开策划能力。

以某创业公司的新品上市为例，因为推广费用极其有限，甚至可能为零，所以直接排除全网投放广告、重金聘请代言人这些需要烧钱的推广方式。那么，如何低成本地进行推广新品呢？是考虑开设微信公众号卖货，还是创始人上知乎撰写产品软文为自家产品代言？这些都是策划能力的体现。

（4）数据分析能力

创意文案作为一个文职类的工作，为何也需要数据分析能力？其实这与推广渠道的变化有关。著名广告大师约翰·沃纳梅克说：

“我知道我的广告费有一半浪费了，但遗憾的是，我不知道是哪一半被浪费了。”当下的推广渠道特别是互联网渠道，都能够提供相应的展示数据、传播数据、转化数据和渠道数据等。这些数据都能够有效地反映创意文案的真实效果，进而促使创作者不断的优化内容。因此，掌握必备的数据分析能力必不可少。

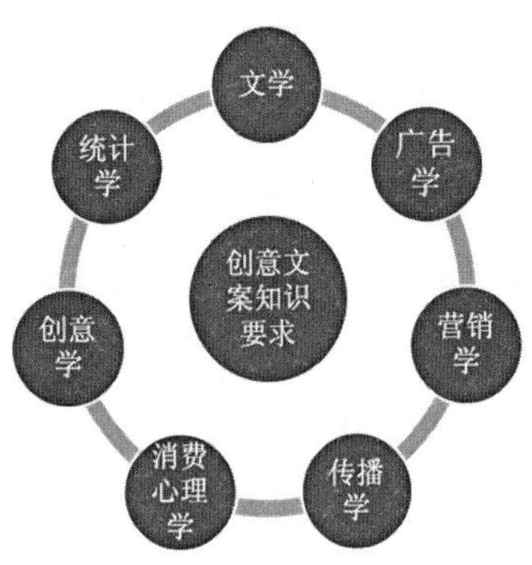

图 1-7　创意文案的知识要求

2. 创意文案的知识要求

创意文案的知识要求是综合性质的，通常包括以下学科知识（如图 1-7）：

（1）文学

文学作为一种语言文字的艺术，是社会文化的一种重要表现形式，是对美的体现。创意文案则在撰写的过程中，大量使用文学的修辞手法（比喻、拟人、夸张、排比等）、表现形式（诗歌、散文、小说、剧本、寓言、童话），同时良好的文学素养，还有助于创作者更好的遣词造句和流畅表达。

（2）广告学

广告学是研究广告活动的历史、理论、策略、制作与经营管理的学科。

创意文案作为参与企业市场开发、品牌推广和商品销售的岗位角色之一，在日常工作中免不了需要广泛的利用广告来为工作目标服务。

（3）营销学

营销学是一门研究企业经营与销售活动的学科。

营销作为一个计划和执行知识、货物以及服务的形成、定价、推广和分拨的全过程，创意文案主要在推广和分拨的环节发挥着重要作用。

（4）传播学

传播学是研究人类一切传播行为和传播过程发生、发展的规律以及传播与人和社会的关系的学问，是研究社会信息系统及其运行规律的科学。

创意文案如果没有完成对其目标用户的传播过程，那么也就无法发挥其功效。

（5）消费心理学

消费心理学是心理学的一个重要分支，它的目的是研究人们在生活消费过程中，在日常购买行为中的心理活动规律及个性心理特征。

消费心理学帮助创意文案在日常工作中用一系列手段去挖掘用户需求，审视消费者如何从认识、认知、认可到认购的心理转变，从而更好地通过内容去打动用户，完成品牌与用户之间的沟通。

（6）创意学

创意学是从创意的整体出发，通过创意思维和创意行为来研究创意的内涵、功能、产生、发展规律的综合性学科，是一门新兴的边缘性交叉学科。

如何别出心裁地吸引目标受众的注意力，如何更好地呈现创意文案的内容，以上均需要依赖创意学爆发的能量。

（7）统计学

统计学是通过搜索、整理、分析、描述数据等手段，以达到推断所测对象的本质，甚至预测对象未来的一门综合性科学。统计学用到了大量的数学及其他学科的专业知识，其应用范围几乎覆盖了社会科学和自然科学的各个领域。

创意文案的工作，从表面上来看与统计学毫无关系，但是实际上却紧密相关。主要原因在于：创意文案们撰写了那么多内容，到底哪些是真正吸引了用户？那些真的给用户留下了深刻印象？那些真的带来了销售转化？只有明确的统计数据，才能够区分出那些是真正优质的文案内容。

除了以上 7 门学科知识外，创意文案还需了解所涉及行业 / 公司 / 产品的基础知识。因为不懂这些基础知识，是无法撰写出合格的创意文案。为此，在开始工作前，仔细翻阅及学习相关的材料，是其必修课。

成为一名优秀的创意文案并不是一件容易的事情，因此如有必要可以根据本章节补充相应的能力和学科知识。

要点 5：甲方 VS 乙方，创意文案工作透视

创意文案的岗位遍布各行各业，按照其所在公司角色的不同，我们常分为甲方和乙方。

1. 身为甲方公司的创意文案：

（1）最为常见的工作内容包括：

第一点，负责企业自媒体渠道内容撰写，如微博、微信公众号、今日头条等。

第二点，负责企业官网的内容更新，包括 PC 端、web 端、App、H5 等。

第三点，负责企业及产品的品牌宣传，如企业宣传册、企业宣传片、公司新闻稿等。

第四点，负责产品的销售转化，如淘宝详情页、门店 POP 海报等。

从以上甲方创意文案的工作内容不难看出，该工作的优点是能够了解本行业完整的市场策略和推广法则，缺点则是工作范围广、内容杂，容易陷入琐碎之中。

（2）对于甲方公司的创意文案，如何更好地提升工作效率呢？

第一点，工作清单化

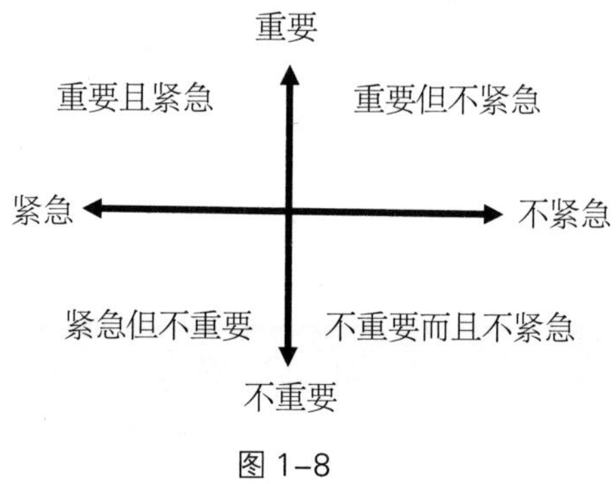

图 1-8

由于每天都面临很多工作任务，为了更好地完成，可以将手头上的事情按照四象限法则进行分类（如图 1-8）。

重要且紧急

这类工作任务具有时间的紧迫性和影响的重要性，必须立刻处理。对于甲方的创意文案来说，其主要表现为节假日大型促销文案、品牌危机时的公关文案等。

重要但不紧急

这类任务虽然很重要但是不要求马上完成，所以会被忽视，导致后续变成重要且紧急的任务，因此针对该类任务需要有计划地去做，例如规划下一季度的热点创意文案工作安排。

紧急但不重要

这类工作很容易和第一象限的工作搞混，很多人容易认为紧急的工作都是非常重要的，实际上这类工作可以授权给别人去做，例如更新品牌视频到官网。

不重要且不紧急

这类任务不重要也不紧急，提倡创意文案在日常工作中尽量少做，例如帮助 HR 撰写招聘文案。

第二点，常规工作模板化

针对公司新闻稿、产品宣传册等常规工作，由于其具有重复高且含金量低的特点，为了节省精力提高效率，可以将其工作方法及工作流程模板化，以后遇到这些工作任务，就直接套用模板。

第三点，企业内容素材库

对于甲方的创意文案来说，所撰写的内容都是围绕着企业自身的品牌及其产品展开，因此可以将企业品牌及产品信息整理成专门的素材库，每当需要撰写相关内容时，不仅可以从中寻找到明确的信息从而避免内容出错，而且可以从之前的内容中寻找灵感，优化出更好的创意文案。

2. 乙方创意文案的工作内容，最常见的包括：

（1）与客户对接，针对不同类型项目输出创意视频脚本、H5脚本等。

（2）撰写各类文案，涵盖且不仅限于：微博、微信推文、公关稿件、新闻稿件、活动文案、品牌文案、策划文案、网络文稿等。

（3）制定营销策略与传播方案，扩展及维护媒体资源。

相对于甲方的创意文案只能接触到本行业的业务，乙方的创意文案能够接触到各种各样不同的行业，快速提升自己对于不同行业的认知水平。除此之外，还可以完整的项目流程，对于个人的成长来说比较有利，后续想要跳槽到甲方也比较容易。

对于乙方文案来说，日常工作需要学会和客户沟通，并且与设计、摄影等其他同事保持良好的协作，在一个又一个项目中磨炼自己的专业水平。

02

创意文案创作的 9 条军规

文案的工作就是发现的过程，而至高无上的原理是遵循直觉，而非简报。文案的工作是汇集那些你知道迟早会用得上的无用之物，然后，以语言为催化剂，用这些东西将潜在消费者与产品结合在一起。对潜在消费者的了解比对产品的了解更重要。

——《全球一流文案：32 位世界顶尖广告人的创意之道》

军规 1：运筹帷幄，掌控项目全程运作

创意文案的工作主要都是围绕文案内容进行的，因此我们根据内容所处的状态，将一个创意文案项目的完整流程分为四个阶段：创作、投放、数据分析、内容优化及再修改。

1. 创作阶段

在创作阶段，创作者需要围绕三个模块进行（如图 2-1）Why——为什么要写这个创意文案；How——如何写这个创意文案；What——创意文案内容写什么？

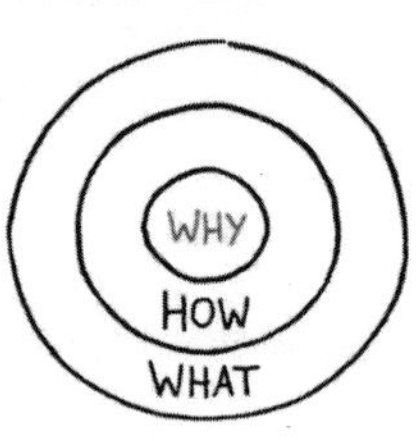

图 2–1

（1）Why——为什么要写这个创意文案

创意文案接到一项新任务时，不能立马就开始着手开始内容创作，而是必须和需求方明确，撰写该创意文案的首要目的是什么？推广品牌、产品销售或者其他？不同的目标，产出的创意文案也不尽相同。

（2）How——如何写这个创意文案

撰写创意文案前主要需要做以下准备步骤：

第一步，明确用户需求。

没有需求，产品也就没有了生存空间。因此明确用户需求是整个创意文案工作的重中之重。如何更好地了解用户需求呢？主要的方法包括：

图 2–2　撰写创意文案的准备工作

调查问卷、深度访谈、百度关键词挖掘工具、淘宝的生意参谋、爬虫数据抓取等。

第二步，明确品牌 / 产品定位。

针对新品牌 / 产品，是否已经明确了其定位？如果没有，就需要先明确该内容，如此才能够进入到后续的步骤。

针对老品牌 / 产品，是否已经充分了解起定位，并且理解选择品牌 / 产品该定位的原因。

第三步，明确品牌 / 产品形象。

品牌 / 产品形象与其定位也是息息相关的。

面向儿童的消费品牌，为了塑造活泼可爱的品牌形象，常常会以卡通小动物作为其代言人，例如高端少儿英语品牌芝麻街英语，在其课程内容中就穿插了不少这样的角色，像大鸟（一只 6 岁的身高二米五的黄鸟）、艾摩（3 岁半的毛茸茸红色小怪物）等。

面向高净值用户的产品，则更多倾向于选择成功人士作为代言人，以此标榜自己高大上的品牌形象，例如号称是中国最贵的手机 8848 手机，就选择了万科的创始人王石作为形象代言人。

第四步，明确内容投放渠道。

内容的投放渠道主要分为线上和线下两种，不同的投放渠道内容也有所不同。

例如，同样是线上渠道，投放网页广告，创意文案的内容主要包括标题 + 副标题内容，以及文字的配图，总字数也就不到 50 个。投放微信公众号，则可以撰写长达 1000 字以上甚至更长的图文内容。

第六步，寻找创意思路。

创意是提升文案内容感染力和说服力的关键因素，是决定文案内容成功用户否的内在基础和基本要素。要使观众在一瞬间发出惊叹，立即明白商品的优点，而且永远不忘记。创意虽无定法，但却有路可循。

（3）What：创意文案写什么？

创意文案的具体内容是由 Why（为什么写创意文案）和 How（如何写创意文案）共同决定的结果。

现在以刷爆社交媒体的网易云音乐地铁广告为例（如图 2-3），分析其在整个创作阶段的操作手法：

1.Who：想要提升网易云音乐的知名度。

2.How：如何写这个创意文案。

第一步，明确用户需求。

发现音乐、用音乐作为娱乐手段、音乐社交需求等。

第二步，明确品牌 / 产品定位。

定位于“音乐社交”，着重于不同的人之间，以音乐为介质，进行更多的情感交流。因此推出了 slogan“音乐的力量”。

第三步，明确品牌 / 产品形象。

贴心、我懂你。

第四步，明确内容投放渠道。

地铁广告。

第五步，寻找创意思路。

通过挖掘网易云音乐的高赞评论，寻找那些打动人心的音乐时刻。

3.What：这个文案写什么内容。

理想就是离乡。——50 号公路评论赵雷《理想》

我想做一个能在你的葬礼上描述你一生的人。——@ 醋熘 6 评论梶浦由记 *Palpitation!*

多少人以朋友的名义默默地爱着。——@ 月海浪花 评论陈奕迅《十年》

十年前你说生如夏花般绚烂，十年后你说平凡才是唯一的答案。——@ 张小诅咒 评论朴树《生如夏花》

小时候刮奖刮出“谢”字还不扔，非要把“谢谢惠顾”都刮得干干净净才舍得放手，和后来太多的事一模一样。——@ 你好我是吉祥物 评论陈珊妮《情歌》

你说少年明媚如昨，怎知年少时光如梦。——@ 鄹鄹暮雨 评论许巍《时光》

“你还记得她吗？”“早忘了，哈哈”“我还没说是谁。”——

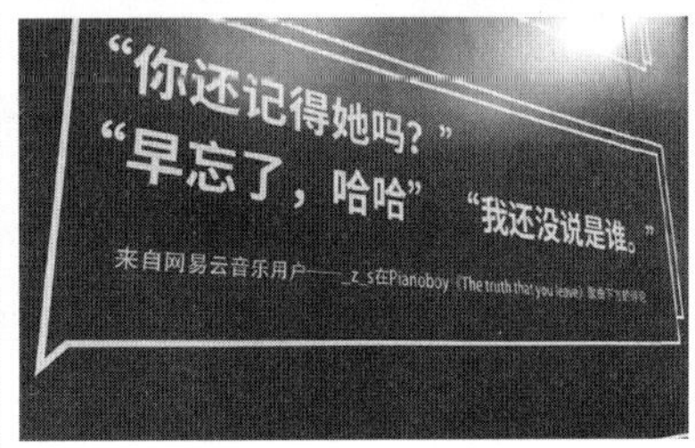

图 2–3　网易云音乐地铁广告（部分）

@ __ Z __ S 评论 Pianoboy *The Truth That You Leave*

最怕你一生碌碌无为，还说平凡难能可贵。——@ 昂翌 _ 评论白亮《孙大剩》

祝你们幸福是假的，祝你幸福是真的。——@ 似是而非或是世事可畏 _ 评论好妹妹乐队《我到外地去看你》

多数人 25 岁就死了，但直到 75 岁才埋。——@ 我的球鞋有点脏 _ 评论万能青年旅店《杀死那个石家庄人》

校服是我和她唯一穿过的情侣装，毕业照是我和她唯一的合影。——@ 卷烟童子 _ 陈奕迅《好久不见》

手机上存满了分手的歌，好像我谈过恋爱似的。——@ 回忆已物是人非 _ 评论李志《忽然》

你那么擅长安慰他人，一定度过了很多自己安慰自己的日子吧。——@ 黄昏鹿场 _ 评论程璧《给少年的歌》

2. 投放阶段

根据内容投放渠道的特点，做好后续的数据监控。主要包括以下几点：

（1）投放平台是否自带数据分析后台，如微信公众号、今日头条等自媒体平台均提供了数据统计后台。

（2）投放平台是否可以进行 AB 测试，如在自身的网站或者 App 上可以在同一时间内让相同 / 相似的目标用户随机地访问两个不同版本的创意文案内容，从而通过数据的反馈来确认哪一个版本才是最优版。

（3）是否为创意文案的页面配置了统计参数。针对以引流转化为目标的线上创意文案，是否设置好了参数，将会在数据回收时影响推广者对于渠道优质与否的判断。

（4）投放数据的真实性判断。鉴于很多内容投放是投放到外部平台，如将软文投放到 KOL 的微信公众号，所涉及的阅读量、转发量、评论量等数据是否真实，均需要进行考察。

3. 数据分析阶段

在数据分析阶段，主要推荐两大模型作为分析框架：

（1）AARRR 模型

图 2-4　AARRR 模型

AARRR 是获取用户（Acquisition）、提高活跃度（Activation）、提高留存率（Retention）、获取收入（Revenue）、自传播（Referral），这个五个单词的缩写，分别对应用户生命周期中的 5 个重要环节（如图 2-4）。

（2）消费者心理路径

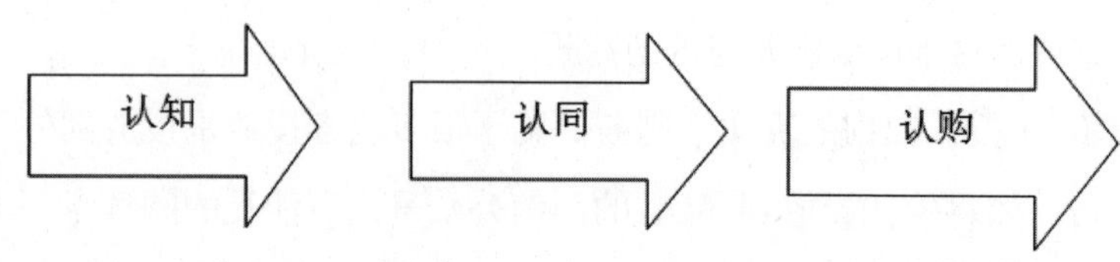

图 2–5　消费着心理路径

消费者心理路径分为三部：认知，认同，认购（如图 2–5）。其详细论述参见第一章《要点 3：创意文案的价值在哪里》。

4. 内容优化及再修改阶段

在经过前面的三个阶段后，创作者将拿到有关已投放内容的反馈数据，如阅读量、点赞量、转发量等，通过对数据进行整理和分析，即可明确现有的创意文案的调整和优化方向。

那么，如何让这些数据更好地为创作者所用呢？我们以微信公众号大 V 咪蒙为例：

2015 年 9 月 15 日，“咪蒙”的个人微信号发表第一篇文章，两个月内粉丝量暴涨到 40 万，且微信文章阅读量都轻松破 10w+，不少还破百万，点赞量每每过千，甚至有上万的情况。不仅“咪蒙”本人被大家称为新一代“网红”，连同公众号“咪蒙”也被称为自媒体的“领军人物”。虽然其账号已因为舆论风波被关停，但是其在创意文案上的整体写作方法还是非常值得借鉴的。

咪蒙的写作爆款公式 =50 个选题 +4 级采访 +5h 互动式写作 +100 个标题 +5000 人投票 +10000 字数据分析报告。即从 50 个选题里面选一个，四级采访，5 小时的互动式写作，然后要取 100 个标题，同时拿到 5000 人群里投票，最后再给一篇文章做 1 万字的数据分析报告。这就是咪蒙一篇文章的整个公式。

从如上的写作爆款公式，可以看出作为一个创意文案，在创作过程中的每一个步骤，其实都离不开数据的支持。

军规 2：刨根问底，猜对用户心思的两大要点

用户需求分析是创意文案需要掌握的一项重要能力。有多少人会认同创意文案内容传达的产品信息及产生购买需求，都取决于创作者对于需求的把握是否准确。如果把握准确，往往能够产生刷屏效应，为产品带来大量的曝光和销售转化。如果把握不准确，则白白浪费时间和推广资源。

为什么这样说呢？用户购买一件产品或者服务，是在于其能够满足自身的需求。

什么是需求？我们以卖水为例子：

你正在沙漠中走着，感到十分口渴想要喝水，因此就产生了喝水的需求，此时的沙漠中前不着村后不找店，如果有人卖一瓶水给你，即便是一瓶水 100 块一瓶你也会买，因为你不喝水你就会被渴死。当你喝完这瓶 100 块的水之后，立马再让你买一瓶，你可能就不会买了，为什么？因为你暂时没有喝水的需求了。我们就会发现，喝水前，水对于你来说是一个需求，喝完之后就不再是一个需求了。

由于用户通常不仅仅只有喝水这一类简单的需求，根据马斯洛需求理论（如图 2-6），用户需求主要分为五大层次，即：生理需求、安全需求、社交需求、尊重需求及自我实现需求。

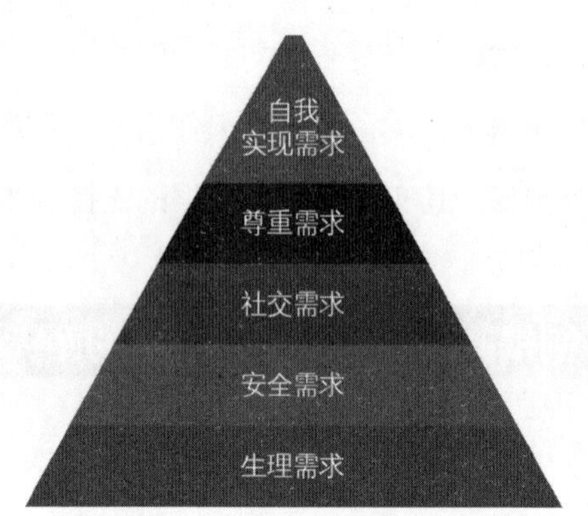

图 2-6　马斯洛需求理论

该模型为认识用户需求提供了一个可参考的宏观框架，但是却无法给出具体及明确的微观指导。为何这么说？我们还是以喝水为例，同样是满足生理需求，宝矿力水特围绕的用户需求是运动之后补充人体流失的水分和电解质，依云矿泉水则围绕的是天然、健康、纯净，希望能够满足用户对水质的严格要求。那么，对于一个产品来说，要怎样才能真正能够明确用户的需求呢？可以通过这三个步骤（如图 2-7）：

图 2-7

1. 什么是用户需求

（1）一般根据用户需求的特点，可以将其分别分为：痛点、爽点和痒点。

第一点，什么是痛点？

所谓的痛点就是恐惧，例如孩子怕笨、女人怕丑、男人怕穷、老人怕死。恐惧作为人类情绪中最有力量的一种，会驱使着人们赶快行动起来做出改变。因此只要抓住了目标人群的恐惧所在，也就抓住了他们的痛点。

正如前面沙漠买水的例子，如果不花 100 块买水，那么面临的恐惧就是被渴死。被渴死就是用户的痛点所在，因为害怕和恐惧，所以用户才毫不犹豫地做出了购买行动。

第二点，什么是爽点？

爽点就是即时满足。这类需求和痛点相比，不会让用户产生恐惧心理，但是会让用户感觉难受和不爽。因此，一旦被满足时，则会心情畅快。

例如在运动场上跑完一圈后，全身大汗淋漓。喝上一瓶宝矿力水特，快速补充了汗液流失及电解质，整个人很快就会恢复了元气，这就是爽点。

第三点，什么是痒点？

痒点就是满足虚拟自我。什么是虚拟自我？就是想象中美好的自我。

例如同样都是喝水，为什么依云矿泉水就能够卖出相对其他普通瓶装水好几倍的价格呢？因为他们打造的是一种追求高品质生活的形象。能喝上他就代表你是成功人士。

2. 怎么发现用户需求

发现用户需求的方式，这里主要推荐以下五种方法：

第一种，问卷调查。

问卷调查作为一个常见工具，主要是通过制定一系列详细严密的问卷，要求被调查者进行回答，以此帮助调查者收集资料。

除了传统的纸质问卷调查，借助互联网的帮助来发放及回收调查问卷已经越来越普遍。目前市面上主要的问卷调查平台包括腾讯问卷、问卷星等。

第二种，深度访谈。

深度访谈是指由专业访谈人士发起的，在某一较长的时间内和被调查者针对某一个话题展开的一对一谈话。由于访谈的深度、细节和丰富程度是其他方法无法企及的，所以，深度访谈能够获取高质量数据。在营销领域，常常被用于了解个人是如何认识品牌、购买产品以及如何使用等。在《史玉柱自述：我的营销心得》一书中就提到了该方法的运用：

脑白金刚推出时，我带了几个人去公园实地调研，那个城市我们已经在销售了。一些老头老太太在公园里聊天，我就上去找他们搭话。我问他们对脑白金了不了解，他们说知道脑白金，有一两个说吃过。大部分人说有兴趣，但没吃过。后来我就问，为什么不吃呢？他们回答说，买不起。

其实他们的收入是够的，为什么觉得买不起呢？

后来我在聊天中发现，中国的老头老太太对自己是最抠的，不舍得给自己花钱。他们告诉我，除非儿子或者女儿给买，他就愿意吃。其中有一个吃过脑白金的人说，他每次吃完都想让儿子帮他买，就把空盒子放在窗台上面，提示儿子。

我们意识到，要卖脑白金，向老头老太太说没用，要跟他的儿子或者女儿说。在中国，给老人送礼就是尽孝道，这是传统美德。我们通过反复讨论得出结论：关于这个产品就说两个字——“送礼”，而且要对老头老太的儿子女儿说。

从后续脑白金营销的成功，也能看出深度访谈在挖掘用户需求时所起的作用。

图 2–8　百度指数

第三种，百度数据分析工具。

这里主要指百度指数和百度关键词分析工具。为什么提到这两类工具？其实原因很简单。因为对于大多数网民来说，碰到问题习惯性会上网百度下答案，而这些需求都被百度记录下来。

5118.com

图 2–9　5118 大数据

百度指数是以百度海量网民行为数据为基础的数据分析平台，通过这个工具可以研究关键词搜索趋势、洞察网民兴趣和需求、监测舆情动向、定位受众特征。

图 2–10　爱站网

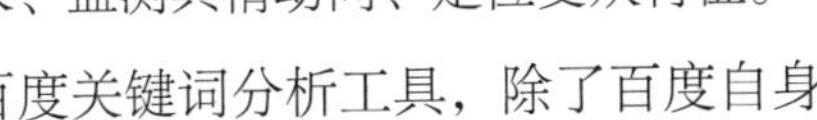

百度关键词分析工具，除了百度自身

推出的关键词分析师外，5118 大数据（如图 2-9）及爱站网（如图 2-10）也能提供类似的功能。通过这些工具，我们就能看出网民对于哪些关键字的查询次数多，并且还有对于那些长尾关键字感兴趣。

第四种，电商分析工具。

这里的电商分析工具主要是指淘宝的生意参谋。作为阿里巴巴商家端统一数据产品平台，其提供的市场行情模块具有 5 大功能，即市场监控、供给洞察、搜索洞察、客群洞察、机会洞察。借助平台提供的数据，运营者则能够很快地找到用户的需求点，尽快地实现引流变现。

第五种，爬虫工具。

如果想要单独了解某细分领域的用户需求，还可以使用爬虫工具，如八爪鱼采集器、火车头采集器等。这些工具能够抓取指定页面的指定栏目中的内容，并且导出内容，方便创意文案后续分析。

3. 如何衡量用户需求

前面五种工具所获得的数据都能用来衡量，那些需求点是用户最为关注的。由于需求市场的大小决定了成交量，需求的强弱决定了成交的意向，而需求的精确性又决定了受众转成用户的可能性大小。可以参考以下表格见表 2-1：

需求	市场需求	需求的强弱	需求的精准性
需求 1	小	强	比较精准
需求 2	大	强	精准
需求 3	大	较强	一般

表 2-1　需求确定表

通过分析上图，就会发现需求 2 和需求 3 是主要的用户需求。

在撰写文案时候可以重点描述与之对应的产品功能点。

借助如上的三大步骤，创意文案基本能发现用户的主要需求。

军规 3：占领用户心智，品牌定位的 8 大法则

1. 为什么要对产品 / 品牌进行定位？

什么是品牌定位？主要是指为了能在潜在顾客的心智上与众不同，而采取在品牌层面上做出竞争区隔，建立独特的认知联想的品牌战略。定位的要素在于速度，最早抢占消费者心中的关键词以便形成品牌联想，后来者就能难扭转这种先发优势了。

通常，品牌定位一般会综合几类属性：①独特的产品属性；②相对的市场价位；③特定的消费人群；④差异化的品牌认知。

2. 如何进行定位？

（1）分析品牌现状

在产生定位之前，需要明确产品 / 品牌现状，这里推荐 SWOT 分析法。

该方法又称为态势分析法，主要围绕企业的优势（Strength）、劣势（Weakness）、机会（Opportunity）和威胁（Threats）进行分析，从而明确企业在竞争中的现状。

图 2-11 SWOT 分析法

如何充分利用 SWOT 法则来检查对于品牌的现状分析是否全面，推荐以下问题清单：

第一，优势

企业是否有独特的背景故事或使命？

企业在哪些领域经常出类拔萃？（客户支持，营销，销售，履行等）

员工拥有哪些优势或独特技能？

企业资金充足还是拥有其可以依赖的其他有用资源？

企业是否拥有其他地方无法获得的独家产品或服务？

品牌在哪些方面有良好的感知？

品牌在哪些方面与企业的使命和业务方向保持一致？

品牌的哪些方面是真实的？

品牌中哪些元素与目标受众产生共鸣？

品牌的哪些部分沟通良好？

第二，弱点

企业在哪些领域经常表现不佳？

员工是否遭受任何一致的弱点？（士气低落，缺乏训练等）

企业是否缺乏时间，人员或资金等资源？

业务目标重点明确吗？

品牌缺乏发展的策略吗？

品牌中有哪些元素是不真实的？

企业是否未能履行任何品牌承诺？

品牌的哪些部分沟通不畅?

任何品牌信息都无法与受众产生共鸣吗?

品牌的哪些方面被认为很差?

第三，机会

品牌能填补目前空缺或代价不足的利基吗?

是否可以与其他企业合作以获得曝光,财务支持或消费者商誉?

产品或服务能否胜过竞争对手?

国家政策的变化会有利于品牌业务的发展吗?

经济趋势的改善是否会对业务产生影响?

品牌能否真正与任何流行的原因保持一致?

当前的趋势是否有益于业务或品牌?

是否有任何新的技术进步可以改善产品?

您是否可以针对新的受众群体修改现有产品或服务?

您可以突出显示品牌现有的五个方面吗?

第四，威胁

竞争对手提供哪些自身无法媲美的东西?

下行经济趋势是否会对业务产生影响?

国家政策的变化会以任何方式阻碍业务吗?

任何经销商或供应商是否不可靠，价格上涨或停业?

是否存在可能损害业务或品牌的文化转变?

天气的变化是否会对业务产生负面影响?

是否有任何时事可能会使品牌中的任何元素成为负面影响?

品牌是否与任何负面实体，组织或意识形态保持一致？

是否有竞争对手试图诋毁品牌？

（2）常见定位方法

第一种，领导者定位

定位理论之父杰克·特劳特说：“成为第一”是进入心智的捷径。很多品牌都喜欢用行业领导者的身份者来定位自己的品牌，例如，雷士照明占据照明行业的第一品牌。

第二种，细分品类定位

对于很多新品牌来说，无法直接与老品牌相抗衡，此时就会选择切入一个细分品牌。例如同样是洗发水，海飞丝主打去屑，飘柔主打柔顺，潘婷主打高效滋养，通过这些细化的特征标签形成不同品牌之间的差异化，实现了在用户心智上的区隔。

第三种，第 2 名定位

所谓的第二名定位就是紧跟领导者，借助第一的影响力来衬托自身的产品价值。例如美国的安飞士租车公司，他们的广告语就是“我是第二名，我会更努力”，企业也因此赢得了更多消费者。

第四种，高级俱乐部定位

如果品牌并非行业第一和第二，仍然可以借助大品牌的名气来提高自己的影响力，这种方法就是高级俱乐部定位法则。例如我国的新一线城市名单，实际上和北上广深四大城市差距很大，但是却借助了一线城市的名气提高了成都、武汉、重庆、苏州等城市的地位。

第五种，USP 定位

USP（Unique Selling Proposition）即独特销售主张，主要是

指在产品的所有特点中，找到一条最符合消费者需要的，且竞争对手所不具备的最为独特的部分，把它作为品牌的定位。例如宝矿力水特凭借其能迅速补充人体流失的水分和电解质而拉开和其他矿泉水的定位，形成了鲜明的特点。

第六种，空白定位

该定位方法是指市场上存在空白区域，企业一旦推出了满足该潜在市场需求的产品即会占据第一。例如 Uber 打车，满足了城市打车难的问题，一推出就风靡全球。

第七种，反向定位

反向定位，就是和业内知名品牌的定位截然相反。例如可口可乐定位为正宗经典，百事可乐则定位为年轻人的选择。

第八种，文化定位

即将文化内涵融入品牌之中，从而形成文化上的品牌差异，例如快时尚品牌，以“快”为特点，主打低价、时尚的潮流，从而吸引年轻人的注意力。

军规 4：从内到外，打造品牌形象的两大方向

产品 / 品牌形象通常包括外在和内在两个方面即品牌视觉形象与品牌文化与个性。

1. 品牌视觉形象

主要包括企业名称、企业标志（logo）、标准字、标准色、象征图案、宣传口语等基本要素。大到企业品牌广告、品牌宣传海报、产品包装设计，小到企业名片，都是囊括在内。目的是通过统一的

形象提升品牌的识别度，让大众更好地记住该品牌。

我们以运动品牌为例子进行说明（如图 2-12、2-13、2-14、2-15）：

图 2-12　新百伦　　图 2-13　李宁　图 2-14　阿迪达斯图 2-15　耐克

以上的 LOGO 一目了然依次属于新百伦、李宁、阿迪达斯和耐克，但实际上对于大多数消费者来说，只要看到了 logo 就知道是什么品牌，甚至知道品牌的产品定位及特点。

2. 品牌文化个性

如果说品牌的视觉形象是它的脸，那么文化及个性则是它的灵魂。如何给品牌塑造一个有趣而独特的灵魂呢？玛格丽特 · 马克和卡罗 · S. 皮尔森的品牌著作《很久很久以前：以神话原型打造深植人心的品牌》提出经典的 12 种品牌原型这一概念。

（1）12 种品牌原型的划分规则

这 12 种品牌原型的划分主要基于人类的四大动机：归属 / 享受 VS 独立 / 实现、稳定 / 控制 VS 冒险 / 征服。

第一，什么是归属 / 人际？

是指希望自己能够被人喜欢，并且归属于某个团体。

第二，什么是独立 / 自我实现？

是指期待成为独立的个体，可以拥有自己独立的成长道路。

第三，什么是稳定 / 控制？

是指渴望获得安全感和稳定感，可以在既定且重复的日常生活中获得满足。

第四，什么是冒险 / 征服？

是指想要获得成就的喜悦，就必须做出冒险 / 征服的行为。

（2）12 种品牌原型详解

对以上四大动机进行划分，则可以得到如下 12 类品牌原型（如表 2-2）：

动机	品牌原型	消费者的恐惧	帮助人
归属 / 人际	弄臣 凡夫俗子 情人	被流放、遗弃或者吞没	得到爱、得到团体的归属
独立 / 实现	天真者 探险者 智者	被陷害或者出卖、空虚	找到幸福
稳定 / 控制	创造者 照顾者 统治者	财务危机、病痛、失控的混乱	感到安全
冒险 / 征服	英雄 亡命之徒 魔法师	无用、无能、无力	获得成就

表 2-2　品牌原型详解

原型 1：弄臣

原型特质：开心好玩才是最重要的！

例子：杜蕾斯、M&M 巧克力豆

原型 2：凡夫俗子

原型特质：享受平常自在的生活

例子：优衣库、名创优品

原型 3：情人

原型特质：就是爱着你！代表着美丽、性感、魅惑及热情！

例子：香奈儿、维多利亚的秘密、德芙巧克力

原型4：天真者

原型特质：乌托邦一样的美好与天真

例子：迪士尼乐园、麦当劳

原型5：探险者

原型特质：追求自我、敢于冒险

例子：雪花啤酒、Discovery 探索频道、陆虎汽车

原型6：智者

原型特质：追求知识与真理

例子：知乎、得到 App、樊登读书会

原型7：创造者

原型特质：热爱创造发明，拒绝墨守成规

例子：索尼、乐高积木

原型8：照顾者

人格特质：温暖热情，慷慨助人

例子：舒肤佳香皂、佳洁士牙膏

原型9：统治者

人格特质：乐意承担领导角色，发挥控制力

例子：王老吉、移动全球通

原型10：英雄

人格特质：敢于拼搏和奋斗，在冒险中证明自己

例子：耐克

原型11：亡命之徒

人格特质：破旧立新

例子：苹果

原型 12：魔法师

原型特质：蜕变、创造神奇时刻

例子：Uber、Airbnb

企业在打造品牌形象时，需要内外兼顾，达成和谐统一。

军规 5：摸透传播渠道，引爆文案不是梦

创意文案的撰写不是孤立的，而是需要同时考虑到传播渠道的特性，同样是品牌推广，针对以青少年为主要用户的传播渠道，风格偏向活泼生动；针对以老年人为主要用户的传播渠道，则需要偏向简单易懂。

根据传播渠道是否需要付费，将其主要分为两大类，即付费渠道和免费渠道，其中免费渠道又分为自有媒体（Owned Media）和赚来媒体（Earned Media）。

付费渠道：即付费媒体，原本指代广播电视、平面媒体上刊登的广告，在互联网兴起之后，又包括了百度品专、信息流广告等形式。

自有媒体：企业自己的渠道，是由品牌自行管理的。例如官方微博、官方微信公众号、官方博客等等。

赚来媒体：消费者成为传播渠道，通过口碑扩散的形式为品牌带来良好的品牌传播效果。

通常，在了解传播渠道时需要考虑传播成本、传播素材要求、

受众人群、流量大小、流量品质、转化效果及适合场景等因素，以下对三类主要传播渠道进行简要阐述：

1. 付费媒体

根据与互联网的相关度，将其分为非互联网媒体与互联网媒体。

（1）非互联网媒体

第一种，电视

包括硬广、访谈、独家赞助或者是公益植入的形式，电视受众偏老龄化，以中等学历为主，渠道成本高、传播范围广、流量品质也低，转化效果也偏低。通常适合大企业用来做品牌宣传提升美誉度，不大适合中小企业。

第二种，报纸杂志

以宣传海报、新闻稿和软文为主要形式，知名渠道包括人民日报、南方周末及南方都市报等。渠道成本高，报纸覆盖人群广而杂志相对更少，流量品质也低，转化效果也偏低。和电视相似，更适合大企业用来做品牌宣传提升美誉度，不大适合中小企业。

第三种，电梯广告

以宣传片和海报为主要形式，通过分众传媒等平台进行传播，流量中等，流量品质高，转化效果中等。大中小型企业都可以选择该投放方式，因为曝光度不错，所以能够迅速提升品牌知名度。

第四种，地铁广告

主要以宣传片、海报及品牌专列为主要形式，用户人群广泛，以中青年为主，曝光度强，展示效果好，传播成本中等，流量大，流量品质和转化效果多偏低。该方式更适合大公司用于品牌曝光。

第五种，公交广告

主要以车身广告、站牌广告、海报及宣传片为主要形式。覆盖人群广，曝光度不错，传播成本偏低，流量品质和转化效果都偏低，适合功效类和暴利类产品投放广告，更多还是用于品牌曝光。

第六种，其他

主要包括火车站、飞机场、电影院、高速路牌、广场液晶屏等，由于都具有极强的曝光度，且能够针对性地选择受众人群，例如飞机场是覆盖高端人群的重要选择。

（2）互联网媒体

第一种，搜索引擎

常见的形式包括百度、360 搜索、搜狗等搜索引擎。以竞价的形式为主，流量大，成本与所在行业的竞争程度相关，流量品质较高，转化效果与企业团队的技术相关，大中小企业均可参与。

第二种，联盟广告

主要包括百度联盟、谷歌联盟、360 网盟和搜狗联盟等，以 banner 广告为主要形式。这些渠道流量大，成本适中，但是流量品质和转化效果都偏低，中小企业不大建议这些渠道。

图 2–16

图 2–17

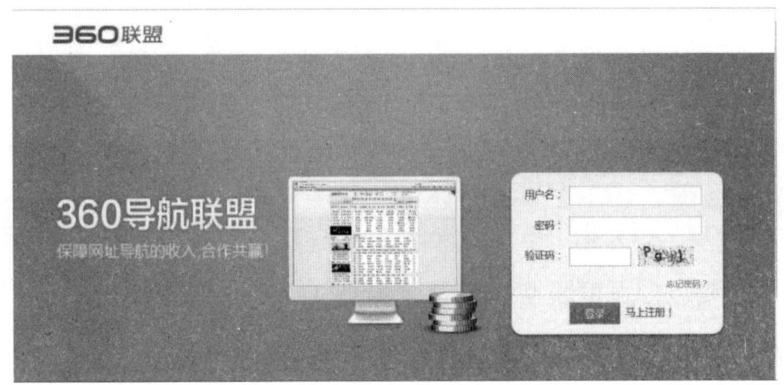

图 2–18

图 2–19

第三种，导航广告

主要包括 hao123、360 导航、搜狗导航、2345 导航、UC 导航等，流量大，成本和位置相挂钩，流量品质和转化效果一般。

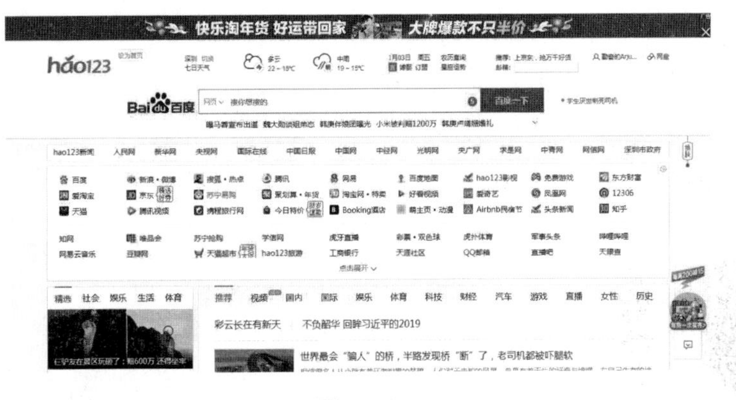

图 2-20

第四种，信息流平台

主要包括头条信息流、广点通、微博粉丝通等，以图文、视频为主要形式，流量的大小、品质和转化效果都偏中等，人工成本较高，需要运营人员精通平台的规则。

图 2-21

图 2-22

图 2-23

第五种，自媒体大号

图 2-24

主要包括微信公众号大号、微博大号等，流量的大小、品质和转化效果都和账号粉丝量、账号定位及推广素材息息相关。不同账号的投放费用不同，需要根据具体的情况而定。

第六种，视频广告

图 2-25

包括爱奇艺、优酷等视频网站等，以贴片广告为主要形式。传播成本高，流量大，用户较为精准，但是流量品质和转化效果一般。

2. 自有媒体

（1）官网及 App

以文章、banner、视频、弹窗等为主要形式，大中小企业均适合，特别是对于缺乏预算的小企业用于冷启动和内容营销。

（2）官方媒体

包括微信公众号、微博和社区等，以文章、宣传海报及宣传视频为主，流量精准，适合长期耕耘。

（3）新闻自媒体

主要包括百家号、头条号、搜狐号、一点号、企鹅号、大鱼号等。以文章、宣传海报及宣传视频为主。对于中小企业来说，传播成本低、内容质量够好则能带来大量曝光，适合冷启动。

（4）视频自媒体

包括优酷、土豆、B 站、搜狐等视频平台。同样适合缺乏预算的中小企业，成本低，内容质量高可以带来大量的流量。

（5）SEO

主要包括知乎、贴吧、百度百科、百度知道、新浪爱问知识人等平台，适合组织专门的内容团队，整理相关的内容发到平台上，从而提升整体的品牌曝光度。

3. 赚来媒体

赚来媒体主要是指各类社交媒体，如豆瓣小组、微博、微信群、朋友圈、QQ 群、贴吧、博客和各类社区等，流量大小不一，但是普遍流量精准，有利于品牌转化。由于这些渠道往往很难控制和规模化运作，因此，企业可以通过加强对粉丝的运营，从而提升对赚来媒体的影响力。

以上三类媒体，对于每个企业来说，在传播创意文案时都会或多或少的用。其中，付费媒体可以用来引爆讨论点，快速拉升品牌热度，自媒体可以用来打造品牌形象，赚来媒体则可以用来争取用户的好感，从而争取更大的品牌效应。

军规 6：创意之道，不得不说的最高心法

在日常生活中，我们总是很容易会被各种创意文案所洗脑，然后购买其产品甚至是成为其粉丝，由此可见，创意不仅仅能够让用户对其印象深刻，而且更重要的是能够形成销售变现。

如何更好地寻找创意思路呢？这里分为两个步骤：

1. 用曼陀罗思考法打开联想

曼陀罗思考法就是同步运用水平思考与垂直思考来挖掘出思考的广度与深度的工具。水平思考就是加大思考的广度，突破自我设限的思考，其关键在于“联想力”，而不是“判断力”。

垂直思考是提高思考的深度，其关键在于“判断力”，即讲究顺序严谨、逻辑推理的合理性。

举例，以黑色为中心词。

首先请大家在第一层的曼陀罗内，八个空白格子内填上跟中心主题相关的词语。

4　孤独	5　眼睛	6　幽默
3　神秘	黑色	7　头发
7　头发	1　黑夜	8　死亡

表 2–3　曼陀罗思考法

然后将刚刚的八个答案分别有黑夜、黑名单、神秘、孤独、眼睛、幽默、头发、死亡。分别再延伸出下一层次的曼陀罗，接着把

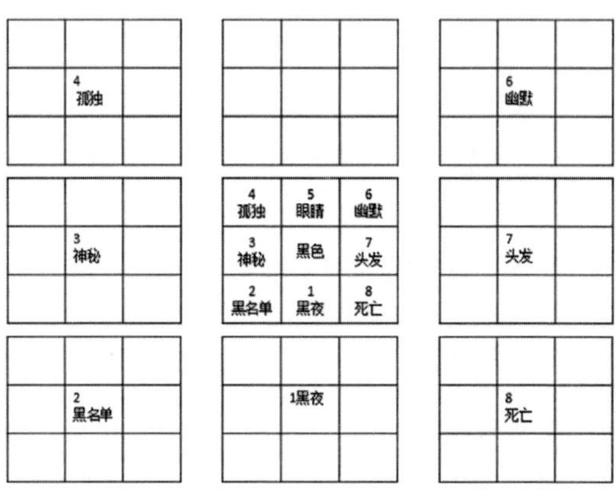

表 2–4　八个曼陀罗主题

这八个答案分别作为八个曼陀罗的主题（如表 2-4）。

夜生活	睡觉	黎明
白天	黑夜	鬼故事
恐惧	黑暗	月亮

表 2-5　以黑夜为中心的曼陀罗思考

在从黑色联想到黑夜，从黑夜联想到鬼故事等（如表 2-5）。按照这样的思路能够获得 8×8=64 个答案。如果你有兴趣的话，可以再用这样的方式进行 8×8×8=512 个答案！

这个方式叫作曼陀罗中的曼陀罗，可以同时训练水平思考与垂直思考，形成一种思考的网络。通过这样的联系就能打开我们大脑的联想能力：看到这个想到什么？联想能力就是举一反三的能力，也就是解决问题的能力，能不能想到别人没有想到的，比别人更早一步找到解决方法？当然这个方法对于我们在创意过程中也是非常重要的。

由于大多数情况下，创作者已经很明确要为一个具体的品牌 / 产品撰写内容，因此可以直接将该品牌或者产品放到第一层的曼陀罗中心，围绕其产品自身的形态（如产品本身、包装、商标、品名及功能情景）、产品 / 服务相关背景（如原材料、生产工艺、产地风情、悠久历史）等开始展开联想，从而相关不同的属性。

如果觉得曼陀罗思考法太麻烦，也可以考虑直接使用思维导图进行发散，两种方法的效果相似。

2. 运用坐标系组合法寻找创意点

所谓坐标系组合法，是将不同事物的关键字和要素进行分类，分别放置于纵坐标和横坐标，然后分别在横坐标和纵坐标上分别取一个关键字，组合起来进行想象（如图 2-26），这样就能找到很多的创意灵感。

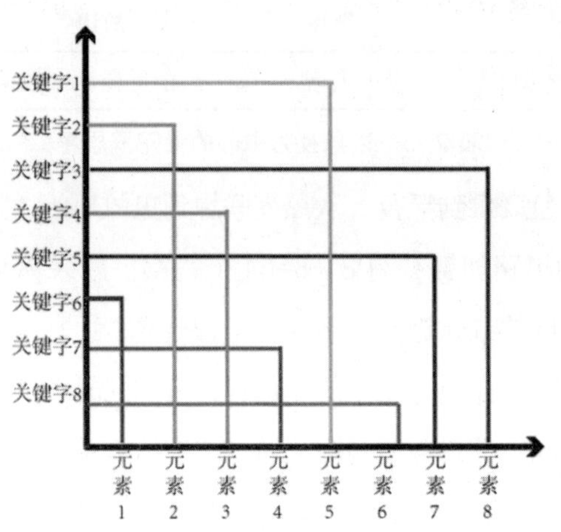

图 2-26　坐标系组合法

不过要素的组合并非简单叠加，而是在原有的基础上进行新创造（如图 2-27）。在看似熟悉的同时，却总有那么一点点“违和感”存在。因为绝对的陌生会让人不知所云或是抵触，而适当的“违和感”能让你既熟悉，又有记忆点。

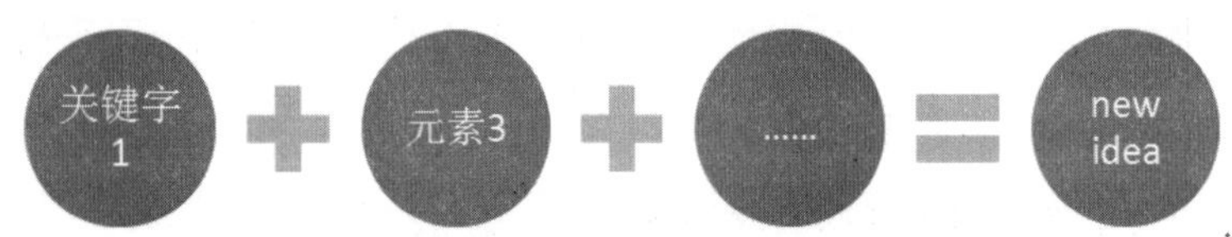

图 2-27　要素组合的方法

军规 7：下笔有神，文案变身印钞机的 3 大要点

经过前面的各个步骤后，我们对要撰写的创意文案已有了初步的了解，但是如何进行具体的撰写操作，这里分为 3 个要点：

1. 梳理思维逻辑

很多时候，创意文案在撰写内容的过程中，容易走向这样的一种误区：为了过度追求 10 万 + 的刷屏，或者是满纸金句的神文案，却忽视了对于文章底层思维逻辑的锤炼，导致文章出现明显的逻辑错误，从而无法赢得用户的信赖并完成引流转化的目标。为了避免这样的情况发生，建议创作者采取以下方式梳理思维框架。

（1）理清逻辑的三个方法

第一种，归纳法。即并列几个不同的事实，然后从这些事实中找到共同的属性。第二种，演绎法。即从假设命题出发，运用逻辑规则从而推导出另一命题的过程。第三种，递进法。即认识事物或者事理由由浅入深、由表及里、由低到高、由小到大、由轻到重，层层递进、逐步深入。

（2）使用金字塔原理梳理逻辑

该原理出自芭芭拉·明托的《金字塔原理》一书，是一项层次性、结构化的思考、沟通技术，帮助我们梳理文章层次、突出主题思想，从而使得文案内容更加清晰易懂（如图 2-28）。

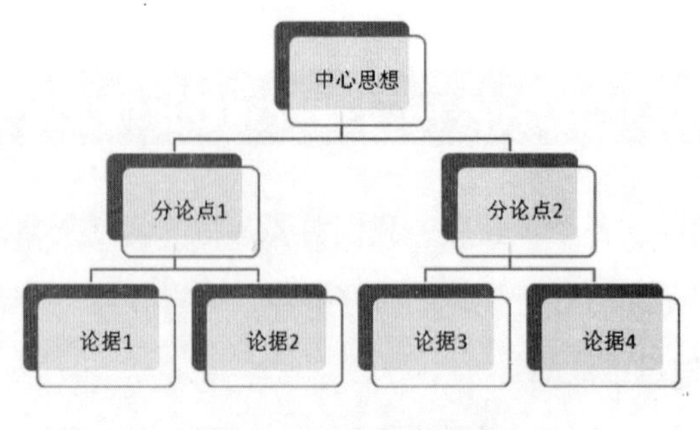

图 2-28　金字塔原理

那么，我们该如何搭建金字塔呢？

首先，寻找中心思想和分论点。将文章涉及的各个论点都罗列出来，然后按照上下结构把中心思想和分论点进行排列，再用线条将各个观点横向连接起来，完成了一个由点、线构成的简单三角形金字塔。然后将已有的各个论据分配到不同的分论点下，并依据各组分论点之间的逻辑关系，最后整理出最终的三角形。

2. 完善内容模块

通常一篇文章主要包括以下模块：标题、正文、结尾。我们依次对这些模块进行讲解：

（1）标题

第一点，标题的功能

一个好标题通常具有以下功能：吸引注意力；筛选受众；传达完整的信息；引导读者进一步阅读文案。

第二点，标题的类型

常见的标题包括 8 种。

直言式标题，即开门见山点明主题；

暗示式标题，即不直接做推销，而是先诱导用户阅读文章再做出解答；

新知式标题，即直接分享新消息新见闻；

如何式标题，即将“如何”直接放入标题中，等于直接承诺了文章会提供有用的建议和解决之道；

提问式标题，即围绕用户关注的信息引发其共鸣；

命令式标题，即直接告诉用户方法，催促其行动；

目标导向式标题，即在罗列要点数字，提升读者的探知欲望

见证式标题，即从某位顾客的口吻进行讲述，提升信任感觉。

第三点，标题的撰写技巧

每个创意文案都想要写出好标题，这里分享一个由罗伯特·布莱提出的有效创作标题的四大公式，即 Urgent（急迫感）、Unique（独特性）、Ultra-specific（明确具体），以及 Useful（实际益处）：

什么是急迫感?

即在标题中加入时间元素，以此塑造急迫感，从而促使读者立刻采取行动，例如：现在预约免费接种，错过再等一年!

什么是独特性?

即以全新的角度讲解旧事物，从而吸引读者注意力。例如：如何向上管理领导?

什么是明确具体?

即点名该文章是一篇手把手的指导教程。例如女人 30 岁之前

一定要做的30件事。

什么是实际益处？

即诉诸利益，提供实际的好处。例如：整整两个月，带上身份证这些景点免费游玩。

（2）正文

在拟定完一个好标题后，就可以开始撰写正文部分，除了行文框架需要注意梳理逻辑充分利用金字塔原理外，还需要特别注重正文开头的设计，推荐以下写法：

第一种，创造场景法

主要包括呈现冲突场景和熟悉场景两种。

冲突场景用来激发读者联想，例如《我帮你，没有动机》的开头是：

"粉丝七七愤怒地跟末那说：叔，最近有个男人追我。"

当读读到这个开头时，是否会激发读者的联想，引发继续阅读的兴趣呢？

熟悉场景是为了引发读者共鸣，例如有一篇文章的开头是：

安迪是1993年的，学日语专业，她刚来公司的时候，就是一个小可爱。

现在她变了，人称安迪姐，气场2米8。

其实，她来公司的时候，崩溃过3次。

第一次哭，是刚来公司的第一天，我让她写剧本，她完全是懵的，写不出来，回到宿舍大哭。

当读到这个开头时是否也会想起自己刚毕业时的场景，并且感同身受？

第二种，设置悬疑法

通过这种方法，故意一下子不说透原因，诱导读者不断读下去。

举例，在《“为什么要炒掉在朋友圈晒加班的人？”答案太颠覆了》一文的开头：

最近我在紧锣密鼓地搞招聘，于是跟一个资深 HR 朋友 Carrie 请教，她突然跟我讲了一个招聘原则：

但凡在朋友圈晒加班的人，你都要小心。最好别要。

我懵了，晒加班不是首先得加班吗？那不是勤奋工作的体现吗？

她笑着说：你没听过“越炫耀什么，越缺少什么”吗？来，给你讲一下之前一个招聘经历。

看到这个开头是否很想继续阅读，看看到底是什么经历导致这位 HR 得出这个结论？

第三种，独白开头法

这种开头方法是通过第一人称，敞开心扉，在拉近与读者距离的同时也提升了文章内容的信任度、诚意与真实感。例如这个开头：

“你要认命，这就是你的命。”

不知道为什么，我的脑子最近老是出现这句我妈当年说的话。我妈是一个非常传统的中国农村妇女，她叫我认命，其实现在想想也是为了我好。显然我妈不晓得“没有希望就没有失望”这句话，但是生活的艰辛让她懂得这个道理，她让我认命，其实也是为我好。

这样的开头，总是能够引发大家的同情。

第四种，故事开头法

这种开头方法让读者无压力，且有代入感，很容易就能继续读下去。

知乎文章《怎么快速合法地挣到一百万？》的开头是：

我在 5 年前，花钱买了一本书，价格 680 元。

这本书讲的是一个新手如何利用身边资源，白手起家挣到第一个 100 万。

看到这个开头是否就会特别想要直接往下阅读，从而期待能从文章中找出赚到 100 万的秘密？

第五种，金句开头法

想要文章被人记住，金句必不可少，甚至还能升华主题，被广泛传播。

例如，在列夫·托尔斯泰名著《安娜·卡列尼娜》的开头是：

幸福的家庭都是相似的，不幸的家庭各有各的不幸。

当读者读到这句话时，都会忍不住发出感慨，“对，是这么个道理”，甚至即便是没有读过该书的人，也都会知道这句话，这就是金句的魅力。

（3）结尾

当文章要结束时，一个优秀的结尾可以起到加深读者印象和引导读者行动的作用。主要推荐以下结尾方式：

第一种，总结性结尾

这种结尾方式主要是用于加深读者的印象，让读者吸收更多的内容。

整篇文章读下来，最后也会被作者所传达的观点所打动，并且再次加深对于本文的印象。

第二种，关联读者

这种写法的作用在于让人从文章原本所描述的观点，进而转入到对于自身的思考。

举例 Know Yourself 的文章《“愿你深谙世事，也拥有成熟的天真。”| KY 秘籍：步入社会后，如何交到真心的朋友？》的结尾：

慢慢地你就会明白，没有那么多友情给我们挥霍浪费，你会明白，每个人都有缺点，你需要忍耐，也要学会包容。也许你需要的只是朋友身上的某一道闪光，但是，那已经足以陪伴你走过这漫长虚无的人生。

如果说年少时期的友谊是运气，那么，成熟后的抉择才更接近于本心。当你愿意走出自己构建的壁垒，愿意重新付出和相信的时候，就会发现你依然可以触碰并拥有全新的，同样珍贵的友情。

愿你深谙世事，也拥有成熟的天真。

在读完上述结尾后，每个人都会开始重新深思自己应该如何处理步入社会后的友谊关系。

第三种，金句引用

这种写法的作用在于升华主题思想，又引发读者思考。举例，在文章《吴晓波读书：他什么都不相信，除了自由》的结尾：

在《通往奴役之路》的“结论”中，哈耶克最后说，“如果我们要建成一个更好的世界，我们必须有从头做起的勇气——即使这意味着欲进先退……我们几乎没有权利感到比我们的祖辈优越。我们不应忘记，把事情弄成一团糟的并不是他们，而是我们自己。”

在读完上述结尾后，作为读者是否也会被哈耶克的话所打动并且认同其观点呢？

军规 8：传播有术，推波助澜的 3 大因素

如何传播创意文案？想要真正发挥创意文案的作用，主要和这三个因素有关：第一，创意文案是否适合传播？第二，创意文案的传播策略是否正确？第三，当受众接收到创意文案后，是否愿意自发再传播？

1. 了解什么样的创意文案才适合传播呢？

奇普·希思、丹·希思在《让创意更有黏性：创意直抵人心的六条路径》一书中提到了“SUCCES”原则即：简单（Simple）、意外（Unexpected）、具体（Concrete）、可信（Credible）、情感（Emotional）、故事（Stories）。

（1）什么是简单（Simple）？

即毫不留情的区分主次，提炼精要的内容，使得表达简短且深刻。

例如“满招损，谦受益”，就是简单的典范，短短六个字就把骄傲和谦虚的结果点名，并教育了人们应该如何为人处世。

（2）什么是意外（Unexpected）？

即打破人们的期待，通过出奇制胜的方式，来激发人们的兴趣和好奇心。

例如在 LV 讲述的品牌故事里，提到泰坦尼克号真实的历史沉船事件中，抵达现场的搜救队伍捞起了载浮载沉在海上的 LV 硬壳行李箱，打开来里面竟然滴水未进！通过这个故事，LV 就充分证明了其产品品牌质量优良，引发了更多消费者对其追捧。

（3）什么是具体（Concrete）？

即通过视觉、听觉、触觉、嗅觉、味觉和身体行为来阐释，使得受众接收到同样的观点。

例如德芙巧克力的“尽享丝滑”就充分调动了受众的触觉，让受众在读到该广告语时便会联想到巧克力在唇齿间的如丝般顺滑的触觉。

（4）什么是可信（Credible）？

即在面对某话题时，专业的人士、专业的背景更能促使受众相信其内容可靠。

例如同样是推广寿司店，寿司之神小野二郎的数寄屋桥次郎就远比其他的寿司店更受欢迎，因为本身小野二郎的料理水平就是这家店最大的背书。

（5）什么是情感（Emotional）？

即人们更容易对具体的人而非抽象的事物产生情感，因此、创意必须能够引发受众内心的感情波动。

例如，当说出麦当劳的品牌口号“I'm lovin' it”时，每个人都能感受到该品牌传递出来的无拘无束的快乐之情。

（6）什么是故事（Stories）？

即故事天然具有吸引人的作用，不仅更容易被理解、被记忆也更容易传达情况。当受众在听故事的同时回应也更加快速和有效。

据说在战争中有一名叫安东尼的士兵被子弹击中胸口，由于他口袋里放着一个 Zippo 打火机，因此子弹并没有对他造成贯穿伤，而 Zippo 能挡子弹的故事现今依然让人津津乐道。

由此可见，由一个传奇故事组成的创意文案是有多么巨大的传播力。

2. 创意文案的传播策略是否正确?

当创意文案的内容符合了传播的规律时，企业的传播策略也是十分重要的。毕竟酒香也怕巷子深，没有正确的传播策略，只能白白浪费创意文案的撰写工作。

传播策略怎么做？在明确传播目的、受众情况和预算情况后，围绕维度、规模、力度和节奏这四个方面展开，这里以《史玉柱：我的营销自述》一书中脑白金广告的传播策略为例：

（1）传播维度

传播维度主要考虑传播什么和怎么传播两个方向。其中，传播什么是由传播目的和传播诉求决定的。例如想要通过传播创意文案达到提高品牌知名度的效果。怎么传播是由目标受众和传播创意决定的。同样是要推广品牌，针对年轻人可能需要选择抖音快手等App，而针对老年人可能就需要选择电视广播及报纸。对于脑白金来说，因为针对的是中老年人，因此选用的报纸和电视居多。这个也就是我们所看到的脑白金广告在电视上一连播了 10 年。

（2）传播规模

传播规模最主要在于曝光。因为曝光力度越大，才越有可能触达目标受众。为了让脑白金的广告得到大量的曝光，作为操盘者史玉柱不仅让广告在中央电视台播放，还在大量的地级电视台、县级电视台购买大量时段。

（3）传播力度

传播力度是传播穿透力度大小，保证了传播力度，才能保证自己的创意文案能够深植受众的脑海。

正如史玉柱在书中提到的那样：

“电视广告要在消费者脑海里形成印象，需要很长时间，需要持续。广告要么别播，你要播最起码有 1 年以上的计划。如果你播得少，这个钱就浪费掉了，就相当于你刚刚预热一下，预热了 3 个月、6 个月，你把火给撤了，你的水就永远开不了了，你前面烧的火白烧了。”

（4）传播节奏

正如美妙的歌曲节奏有快慢之分，传播节奏也是一样，一个传播周期分几个阶段？各个阶段的诉求是什么？品牌宣传？产品推广还是蹭热点传播？不同的诉求针对那些用户群体，多大规模的传播？这些都是节奏的组合和安排。

例如，针对不分旺季淡季常年在销的产品，一年的广告应该如何分布？史玉柱提出了一个概念：脉冲式播放。刚开始，导入市场时前 3 个月甚至前 6 个月密集地播；到后面，隔月播；隔月播，可以选择每天播，如果预算不够的话，就隔天播但播的那天力度要大。虽然隔天播放的费用比每天播放更低，但是它的效果只是略微下降。通过这种方式，不仅可以加强消费者对产品的影响，也能降低广告成本。

3. 当受众接收到创意文案后，是否愿意自发再传播？

想要创意文案传播得更深更广，自然少不了受众地再传播。影响再传播的因素主要包括以下 3 个：

（1）利益驱动

传播该内容能够为自己赚钱和省钱时，相信很多人都会愿意转发。例如常见的“分享得红包”“帮我砍价”“集赞兑奖”等，所以千万不要小看了利益驱动的力量。

（2）社交货币

社交货币的概念源自社交媒体经济学（Social Economy）的概念，是用来衡量用户分享品牌相关内容的倾向性问题。简单地说就是利用人们乐于与他人分享的特质塑造自己的产品或者思想，从而达到口碑传播的目的。

例如分享网红店的攻略打造自己时尚潮人的形象，分享微信读书的笔记打造自己爱学习的形象。

（3）荣誉驱动

人们喜欢分享那些能够让他们看上去更聪明、更美好、更特别的事情。例如一些特别的头衔、称号、证书等。

通过本章节，我们会发现想要更好地传播创意文案，需要同时考虑：内容是否适合传播（即：创意文案是否符合 SUCCSE 原则）、传播者的技巧如何（即：对传播维度、传播规模、传播力度、传播节奏的掌控情况）、受众对内容的反应（即：是否喜欢该内容并愿意再传播）。只要掌握这些技巧，创意文案才能达成梦想的传播效果。

军规 9：借助数据，改出好文案的两大步骤

任何创意文案的诞生都是为某一目标服务的，例如促销、品牌宣传等。因此为了更好地完成其目标，创意文案需要经过一次次的优化和修改，这背后离不开数据的支持。

想要通过数据优化创意文案，主要包括以下步骤：

图 2–29　需要关注的数据维度

1. 了解数据维度

对于创意文案来说，需要关注这些数据维度：展示数据、转化数据、传播数据及渠道数据（如图 2–29）。

（1）展示数据。

展示数据主要包括覆盖人数、推荐量、阅读量、页面停留时长和阅读次数等。这些是最基础的数据，其存在的意义和价值在于展示了内容被点击和查阅的情况，提供了一个简单而直接的效果反馈，为创意文案后续的内容优化给予了支持。

例如，一篇推文在今日头条上用了双标题进行推送，A 标题的推荐量是 30 万，阅读量是 10 万 +，B 标题的推荐量是 10 万，阅读量是 1 万。

通过这样的分析，可以非常明显地发现 A 标题的质量明显好于 B 标题，因此后续打算在其他自媒体平台推送该内容的文章，就可以直接考虑使用 A 标题了。

（2）转化数据

主要包括付费链接的点击次数、付费人数、付费金额等。相对于展示数据，转化数据是更深层的数据，其往往用来判断内容是否利于用户转化。

例如，用来推广付费课程的微信软文，仅从付费链接的点击次数就能够了解在吸引目标受众时的转化效果。

（3）传播数据

主要包括转发人数、转发次数、二次传播带来新用户数等。该维度的数据用于表明内容的质量、趣味性等特征，方便创作者了解内容是否适合用于引爆社交媒体。

例如，我们常用“刷屏”这个词来形容爆红一时的微信文章，其实就是从侧面证明文章内容广受目标群体的喜爱，以至于纷纷转发朋友圈，引爆社交网络。

（4）渠道数据

主要包括月活跃人数、日活跃人数、男女比例、用户偏好、获客成本等数据。该维度的数据可以用来衡量不同渠道的投放质量及效果。这些都是由渠道本身的定位所决定。对于创作者来说，通过数据分析，可以了解特定渠道的用户喜好，从而针对性的撰写文案。

例如同样是推广理财产品，在虎扑这样以男性为主要群体的平台上，文案内容的切入点可以是某成功男性是如何 3 年买房，进而引导到理财课程；在小红书这样以女性为主要群体的平台上，文案内容的切入点则可以选择为为何女性天天剁手反而财富越来越多。

2. AB 测试

AB 测试是指为了同一个目标而设计两套不同的方案，并将两种方案随机投放到市场中，并让成分相同（相似）的用户去随机体验两种方案之一，再根据反馈数据来判断哪个方案更好。

该方法广泛运用于互联网领域，例如 Google 团队曾为什么颜色最适合某网页的工具栏而争论，设计团队选择了一种特别的暗蓝色，而产品经理主张偏绿的色调。两边都握有充分的理由。那最终听谁的呢？是选择暗蓝色还是偏绿的颜色？最后团队运用 AB 测试解决了该问题，在测试了 41 种不同的蓝色后，终于找出哪种颜色才是用户更偏爱的。

对于创意文案来说，通过 AB 测试获取数据从而优化内容，也是同样适用。那么如何运用 AB 测试呢？主要分为以下 5 个步骤（如图 2-30）：

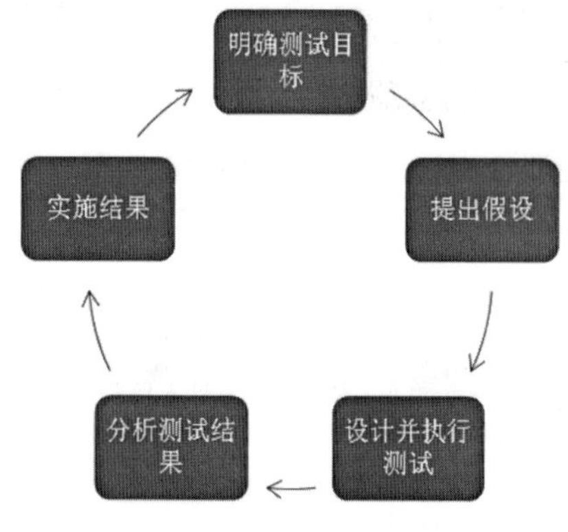

图 2-30　AB 测试的 5 个步骤

（1）明确测试目标

不管 AB 测试是针对微信软文、品牌广告、宣传海报或者是电商详情页，任何 AB 测试开始前都需要一个明确的测试目标，如提高微信文章的打开率，提升广告的点击率，提高课程的付费人数等。在明确目标之后，再思考实现测试目标时会涉及的关键指标，观察现有的数据情况，并设置好测试的环境及测试衡量标准（见表 2-6）。

测试目标	测试内容
提高微信文章打开率	哪个标题用户更有打开阅读的欲望?
如何提升广告的点击率	哪个广告图片的点击率更高?
如何提高课程的付费人数	那个渠道的目标消费人群更加集中?

表 2-6　AB 测试的目标与内容

（2）提出假设

假设是 AB 测试的基础，例如某个标题会比另一个标题打开率更高的理由是什么？为了更好地形成假设，可以提出问题或者做出推测——什么因素影响打开率？例如在标题中添加当下热点的关键词会提高打开率吗？这个假设应该包括你想要改变什么和改变之后的结果。

举例：

为什么用户不愿意点击广告图片呢？“我认为广告图片没有展示产品的利益点。”

为什么目标受众不愿意购买付费课程呢？“我认为该课程没有设置部分免费试听内容？”

（3）设计并执行测试

单变量测试开始入手，只需要选择和测试目标相关性强、容易改变的做测试就能够找到优化结果和方法。以下是创意文案相关的单变量测试例子：标题、利益点、行动点、图片、表格。

第一，标题

作为用户最早看到的内容，标题在长度上、语言风格、情感表达上的细微差别都会让用户做出不同的反馈。通常可以围绕以下几个方面进行测试：

长标题 VS 短标题

专业描述 VS 通俗描述

陈述句 VS 疑问句

行业热点关键词

积极消息 VS 消极消息

第二，利益点

在利益点的内容表述上，任何品牌及产品测试时都可参考以下角度：

正面描述 VS 侧面描述

纯文字描述 VS 数字描述

使用场景 VS 实验对比

第三，行动点

想要让用户完成预计的转化目标，就必须召唤其采取行动。那么如何让其采取对应的行动，如分享、下载、注册和购买呢？可以参考以下维度：

改变分享按钮的大小、颜色、形状及位置

更改下载按钮的文字措辞，如改为免费下载

价格的展现形式：现在价格 VS 原有价格

第四，图片

创意文案搭配上图片，能够更好地吸引受众的目光，从达到对应的目标。可以参考以下维度：

人物图片 VS 产品图片

人物图片的属性：性别、年龄、种族、群体

摄影图片 VS 插画图片

美女 VS 动物 VS 婴儿

第五，表格

在很多创意文案中表格也发挥着重要的作用，例如用于搜集客户信息、注册产品等。AB 测试时可以参考以下方面：

表格的必填区数量

表格的长度

表格填写框的大小

表格的字段长度

（4）分析测试结果

对于创意文案来说，一旦开始 AB 测试，就需要时刻监测测试情况，以保证数据的准确性。当测试完成后，就可以分析结果了。AB 测试会显示两个测试版本之间是否存在着明显的统计差别。

（5）实施测试结果

无论结果如何，都可以以该结果作为提出新测试假设的基础，以此来实现创意文案的优化与迭代。因为只有不断地测试才能带来进一步的优化，测试得越多，优化的程度也就越深。

通过以上方式，将能够帮助创意文案找到更好的内容优化要点，进一步提升创意文案的反馈效果。

03

广告创意文案的 5 个绝招

有能力的创意人员，不会认为他的工作只是做一则或一套广告，他一定会下功夫去了解影响产品销售的其他因素。

—— 李奥贝纳

招式 1：广告语，靠一句话节省一半广告费

广告语（Slogan）是某产品较长时间内反复使用的特定商业用语，其作用是将产品的特性及优点浓缩成最简洁的文字并且传递给消费者，像“De Beers” A diamond is forever——“钻石恒久远，一颗永留传”，就充分地展现了其强烈、鲜明的品牌特性，并以此吸引了大量用户。通常来说，广告语主要以广告海报及广告片等形式出现。

1. 成功的广告语通常符合以下原则

（1）简洁易懂

最经久不衰的广告语往往朗朗上口，易读易记，符合大众传播的基本要求。为了能让消费者轻松挂在嘴边，广告语要尽可能的短小精悍，核心诉求和信息点要单一，不用生僻词语，充分利用对仗押韵等语言技巧。例如某技术学校的广告语“挖掘机技术哪家强，中国山东找 XX”。前后两句对仗押韵，朗朗上口，一时间风靡大江南北。

（2）传达利益点

有效的广告语要强调产品及服务的利益点，明确地告诉消费者该产品到底好在哪里，能够为其带来什么好处和价值。不仅要戳中消费者在某一领域的痛点，同时还需要巧妙的突出产品的独特卖点，从而激发消费者的购买欲望。例如王老吉的广告语“怕上火就喝王老吉”，充分地将上火的痛点和降火气的卖点结合起来，给了消费者非常明确的购买理由。

（3）与产品相关

对于品牌来说，广告语是一个说服消费者完成产品购买的语言，因此必须和产品本身紧密相关。例如宝马的广告语是“终极驾驶机器”（The Ultimate Driving machine），可以让消费者从中感受到宝马汽车就是每个汽车爱好者们的终极选择。

2. 如何撰写广告语

撰写广告语时，需要结合品牌的需求进行。以下分享一些创作广告语的常见技巧。

（1）展现产品独特卖点 / 使用利益

对于那些拥有独特卖点的产品，应该用一句简洁的口语化短句将该卖点展示出来，以方便消费者能最快地感受到产品对其的好处和价值。该技巧不仅可以拉近消费者与产品的距离，还能增进消费者对产品的好感度和信任度。

例如《福布斯》杂志：资本家的工具（The capitalist tool）。

该杂志在资本家中非常受欢迎，因为它会及时更新各类投资信息和趋势。因此《福布斯》的广告语也就明确展现了其作为“资本家的工具”的重要性，即资本家们唯一需要的工具。

再如：滴滴出行：滴滴一下，马上出发。

该广告语将其方便、快捷、及时等打车卖点一一呈现，告诉用户随时随地都能使用滴滴出行。

（2）展现行业地位

为了更好地说服消费者认可该产品，展现该产品的行业地位是最直接的一种方式。通常包括销售量、行业排名、消费者数量等不同侧面进行展现。

例如加多宝：中国每卖 10 罐凉茶，7 罐加多宝（如图 3-1）。以市场份额的方式展现加多宝凉茶在中国凉茶市场的地位，说服消费者它才是凉茶领域最好的选择。

再如拼多多：3 亿人都在拼（如图 3-2）。

通过数字引发从众行为，进而带动更多的人使用该产品。

图 3-1　加多宝广告语

图 3-2　拼多多广告语

（3）调动感官体验

从视觉、嗅觉、听觉和味觉等感官体验入手，营造产品使用时的氛围，通过沉浸式的感官享受，使消费者身临其境，从而更加认可产品的价值。

例如德芙巧克力：纵享丝滑（如图 3-3）。

图 3-3　德芙广告语

该广告语展现了德芙巧克力的口感如丝般顺滑的感官体验，勾起消费者对德芙巧克力的美好想象，进而激发购买欲望。

再如农夫山泉：农夫山泉有点甜（如图 3-4）。

当念出该句广告语时，消费者似乎也品尝到农夫山泉的清冽甘甜，进而让消费者认可农夫山泉就是从大自然里搬运而来的，是真正的矿泉水。

图 3–4　农夫山泉广告语

（4）从用户的情感切入，引发共鸣

将用户的情绪、感情融入广告语，说出其心里话，从而引发消费者对产品的共鸣。

例如百事可乐：热爱全开（如图 3–5）。

图 3–5　百事可乐广告语

表达出了年轻人为了自己的热爱，展现出的激情与兴趣，同这种激情情感一致的便是：我们要在生活中放肆的去享受我们最爱的可乐。

再如锐步：I am what I am 我就是我（如图 3–6）。

图 3–6　锐步广告语

这条广告语不仅激励年轻人发出自己的声音，而且鼓励他们通过运动来拥抱和展现自己的个性。当然，该广告语的确打动了年轻人。该品牌现在是美国知名潮流运动品牌。

（5）专属关心，感性温情

对于身处红海的产品来说，无法通过独特卖点和竞品形成区隔，此时可以选择从情感切入，用跟情人或者老朋友说话的口吻，写出一句和产品相关充满感情的话。

例如欧莱雅：你值得拥有 Because you’re worth it（如图 3-7）。

每个人都值得被善待，也值得拥有奢侈的化妆品。通过这句广告语，欧莱雅想要告诉女性们应该好好对待自己。

再如雀巢咖啡：再忙也要跟你喝杯咖啡（如图 3-8）。

这句充满温情的广告语让人不禁联想起和亲友一起品尝咖啡的美好时光。告诉大家，再忙碌，也应该要抽空和亲友小聚交谈。

图 3-7 欧莱雅广告语

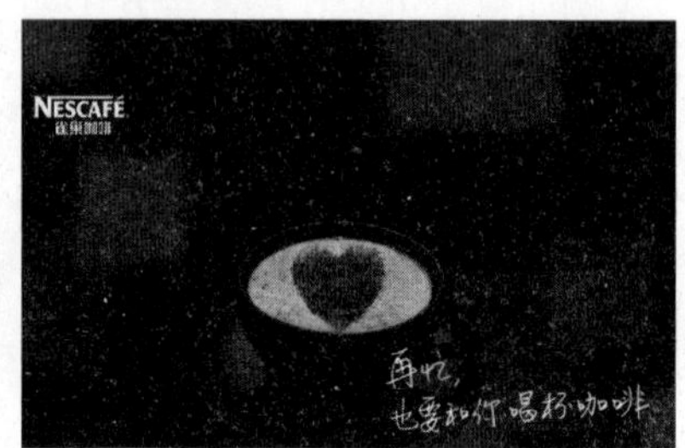

图 3-8 雀巢咖啡广告语

（6）号召行动，完成转化

任何广告语的目的都是为了让用户行动，如注册账号、使用产品和购买产品等。因此，直接号召大家行动，是达成目标最快捷的方式。

例如脑白金：今年过年不收礼，收礼只收脑白金（如图 3-9）。

过年送礼不知道选什么礼品好，那么，不要犹豫，脑白金就是你最好的选择。正是因为直接召唤大家行动，让大家在出现送礼需求时，第一时间就会想起脑白金。

再如百度：百度一下，你就知道（如图 3-10）。

百度作为搜索引擎，其最大的功能就是帮助用户搜索信息。因此号召用户“百度一下”这个行动时，也就让更多的用户使用上了该产品，顺利达成了目标。

图 3-9　脑白金广告语

图 3-10　百度广告语

（7）传递品牌价值观

通过向消费者传递普世价值观，以此达到激励的目的，从而获得他们的感情认同和喜爱。

例如锤子手机：我不是为了输赢，我就是认真。

从营销的角度，这句广告语是非常有创意的。通过传递一种追求极致的匠人精神，来赞美那些努力做着自己喜欢的事情的人，以此让每一个具有拼搏精神的人都和锤子手机的这句广告语感同身受，进而将其转化为品牌的粉丝。

再如 Keep：自律给我自由（如图 3-11）。

坚持锻炼的自律举动可以成就更加健康的自己，从而让用户更

图 3-11　Keep 广告语

好地享受工作和生活的自由。

以上就是有关广告语的创作方法，将会帮助创意文案更好地完成日常工作。

招式 2：邮件广告，实现低成本高回报的 6 大步骤

邮件广告是指通过互联网将广告信息发送到用户邮箱的网络营销手段，其具有针对性强、传播面广、信息量大等特点，相对于其他的广告形式具有节约成本、简单方便、反应快捷和覆盖率高等优势。

在邮件营销中，想要更好地提高营销效果，除了要定期更新客户数据库、及时去除无效地址与重复地址、选择合适的邮箱服务商之外，最重要的是撰写出有创意的邮件内容，进而提升转化率。

怎样写出为邮件广告写出有效果的创意文案，主要包括以下要点：

1. 设置发件人名称

发件人名称作为用户在收到邮件时看到的第一眼内容，极大地影响着用户打开邮件的意愿。因为一旦发件人名称给人不专业的印象，则会直接认定其为垃圾邮件，要么不看，要么删除。如果不够专业，就需要对其优化，改造成真实的人名或企业名。

2. 取好邮件主题

邮件主题和发件人名称一样重要，因此为了让更多的用户查看邮件正文，在撰写邮件主题时需要符合以下原则：

（1）内容简洁明了

用户在查看邮件正文前都会根据邮件主题来做决定，通常都是在 3 秒以内。因此在撰写主题时，需要用简洁明了的文字将主题表达完整，从而让用户判定是否需要即刻查看正文。

（2）概括邮件主要内容

邮件主题一定要体现出正文要表达的核心内容，从而避免主题与正文内容不相符合，导致用户认定其为垃圾邮件。

（3）合理使用关键字

邮件主题所涉及的关键字主要包括以下几类：

第一点，产品关键字：主要是为了方便那些未能在第一时间查看邮件的用户，后续可以直接通过产品关键字找到该邮件广告。对于产品关键字还可以同时匹配“新品”“视频展示”“销售”“警告”“新闻”“公告”“每日”等文字一起组合，提高用户的打开兴趣。

第二点，敏感词：为了避免潜在的风险，需要剔除各类敏感词如减肥、丰胸、彩票、办证和发票等。

第三点，品牌词：主要用来提高用户的信任度，通过自报家门，亮出自己的身份，从而提升邮件被查看的概率。

（4）谨慎使用标点符号

很多发件人为了吸引用户眼球在邮件主题中大量使用感叹号，但是感叹号一旦太多则会引起用户的反感，被认为是垃圾邮件甚至是病毒邮件。

3. 优化邮件正文

正文内容是整封邮件广告的重头戏，也是履行邮件主题中承诺的地方，因为不管邮件主题是如何吸引人，如果正文内容无法打动用户，那么就无法实现该邮件的转化目标。

通常推荐邮件广告的正文参考以下结构：

（1）列举用户痛点：唤醒用户需求；

（2）介绍解决方案：告知用户其需求会被如何满足；

（3）列举产品价值点：证明的确能帮助用户解决痛点；

（4）产品效果：用户使用产品前后对比图、用户证言；

（5）产品报价：原价多少、现价多少，赠品/服务是啥，优惠几天；

（6）行动号召：以按钮形式出现，使用显眼的颜色或图片，记得添加跳转链接，按钮上的文字需要突出紧迫感，例如库存有限、立即购买等。

除了以上六点之外，在撰写正文的过程中还需要注意：一、在内容中添加适合的图片，提高邮件的美观性及吸引力；二、对邮件进行响应式设计，从而方便用户在移动端阅读。

4. 正式发送并测试效果

在邮件的发送过程中会得到不少的数据信息，主要包括：弹回率、未弹回率，打开率、点击率和转化率。

弹回率和未弹回率主要与邮箱地址的有效性相关，如存在大量无效的邮箱地址，弹回率则越高，未弹回率则越低。

打开率、点击率和转化率则主要与邮件文案相关，因此，这里重点分析这三类数据：

（1）打开率

打开率是指在邮件营销活动中，目标受众打开邮件的数量占整个发送总数的百分比。如发送了 1000 封邮件只有 20 人打开，那么打开率就是 2%。

该数据通过在邮件上加一个透明的小图片，该图片被正常加载完成之后，就会触发一个打开的动作，并反馈到邮件服务商的服务器，在统计后台上即可查看到该数据。请注意：没有任何链接或图片的纯文本邮件是不可追踪的。

邮件打开率是衡量邮件广告效果的重要指标，主要受到以下两类内容的影响：

第一类，邮件主题

在垃圾邮件泛滥的时代里，我们对于很多内容都感到厌倦。因此，是否打开或者删除邮件都是大脑瞬间的反应，这意味着必须为邮件取一个引人入胜的主题。

第二类，摘要

当用户被标题吸引，打开邮箱，除了邮件主题，接下来要看到就是内容摘要，也就是邮件开头的前一两行内容。这里可以放将醒目的关键字放在前面，重点在于引起兴趣。

（2）点击率

点击率是指在邮件中点击了一个或者多个链接的目标受众数占总体打开数的百分比。在邮件中点击一个链接会在追踪数据中显示为一个打开，虽然点击数偶尔会超过打开总数，但是点击率永远不会超过打开率，原因是在于某些用户在邮件中多次点击一个链接或者一次性点击多个连接。

通常来说，用户所点击的链接主要是落地页或官方网站的页面，点击率主要与邮件中添加了链接的图片或者按钮有关，即图片所展示的文案引导是否足够吸引用户，跳转按钮是否明显等。

（3）转化率

转化率是指针对邮件中某特定营销活动，收件人对该活动回应的比率。通常在该类邮件中都设有跳转到落地页或者相关网站内容的链接，使用百度统计或者谷歌分析都可以对此类数据进行跟踪及分析。

转化率的高低主要受到落地页或网站页面上图片、文案及企业活动力度等多重因素影响。

5. 内容优化及放大效果

创意文案可以根据以上三类主要数据进行内容优化，包括根据：

（1）根据打开率优化邮件主题及摘要内容；

（2）根据点击率优化邮件正文中带跳转链接的营销图片及按钮；

（3）根据转化率优化落地页等网页的图片、文案及活动策略等。

经过多次 AB 测试后，再将最优的版本发送给更多的用户，提升邮件广告的营销效果。

招式 3：信息流广告，15 秒拿下用户的 4 步玩法

信息流广告主要是指位于微信、微博等社交媒体用户的好友状态或者今日头条等资讯媒体内容流中的广告，形式多样，包括文字、图片、图文和视频等。因为其具有入口就是内容、原生不打扰、用户体验好等的特点，成为营销界的宠儿。

当前,主要的信息流投放平台有:微博粉丝通、腾讯社交广告(即原来的广点通)、腾讯智汇推、百度 feed、今日头条、一点资讯等。在投放平台上，推广者可以根据标签进行定向投放，也可以根据自己的需求选择品牌曝光、落地页跳转或者是应用下载等。

想要实现信息流广告的效果关键在于能否实现“在正确的地点正确的时间向正确的人推送正确的信息”，为了更好地达成投放目标，以下是信息流广告的撰写技巧。

1. 正确的地点：根据投放平台特点区分文案风格及特色

信息流投放平台众多，根据其特点主要可以分为三类：社交平台、资讯平台和娱乐平台。社交平台可以更贴近互动性，如在微信朋友圈内投放广告，则可以贴近用户生活；资讯平台则可以偏向信息属性，文案内容可以往新闻资讯的描述上走；娱乐平台则可以结合网络热点，搞怪耍酷吸引眼球。

例如某技工学校在社交平台、资讯平台和娱乐平台风格（如表 3-1）：

社交平台	资讯平台	娱乐平台
高考失败后，这条道路让他找到了人生的希望 没考上大学，人生就没有未来了吗？	学历低也不怕，这群青年靠着手艺月入三万！ 最新免学费保就业的技术学校名单	你挖掘机开得这么溜，难道也是 ××× 学校出来的？ 揭秘！这所震惊美国五角大楼的 ×× 学校的真实面目

表 3-1　某技校在不同平台的广告文案

2. 正确的时间：结合用户的阅读时间提升即时感

这里的正确时间主要指两方面：

（1）用户每日的阅读时间段，可以分为以下 3 个时段：

第一，上下班路途中：6:00—9:00、17:00—19:00

上下班路途中，用户最主要浏览的是资讯类平台，如今日头条。对于创意文案来说，可以结合时事热点新闻撰写内容，从而吸引更多的流量。

第二，工作时间：9:00—18:00

在工作时间，用户浏览最多的是搜索类平台如百度搜索。创意文案针对该时段的用户，就可以提供较为专业的信息内容，说服用户信赖该品牌，进而完成转化目标。

第三，休息时间：19:00—00:00

在休息时间，用于浏览最多的是社交平台和娱乐平台如微信、微博、抖音。对于创意文案来说则需要撰写有关社交主题和娱乐主题的内容了，从而提升信息流广告的转化效果。

以某英语学习 App 在上述三个时间段的信息流推送为例：

上下班路上：在路上，用 ××App 也能学好英语

工作时间：职场英语好不好，决定了你的未来能走多远

休息时间：打开 ××App 学英语，甩掉字幕看美剧。

看完这样相信大家都明白该如何选择投放时间了，不同的行业工作休息时间各有不同，如果你想要获取精准的流量，可以根据目标人群具体作息时间来制定相应的时段策略。

（2）节庆等热门时间

除去每日的阅读时间段，每年的重大节庆如高考、春节等热门时间，创意文案也可以需要考虑进去。

例如同样是推广某技校：

在高考后的推送是：高考失败后，学这门手艺企业抢着要！

在春节期间的推送是：新年新计划，想要新年月入 2 万这门技术学一下！

3. 正确的人：区分消费者的所处阶段及属性

正确的人就是我们的目标群体,通常从以下两个维度进行区分:

（1）消费者的所处阶段

通常来说，消费者根据其购买阶段的不同，可以划分为：潜在人群、行业目标人群及品牌忠诚人群。针对这三类人群，信息流传递给消费者的信息点也有所区别。以英语学习 App 为例，针对潜在人群，信息流广告的内容以挖掘和刺激潜在需求为目标（如表 3-2）。

潜在人群	行业目标人群	品牌忠诚人群
文案目标：挖掘和刺激潜在需求	文案目标：承接需求，强化优势	文案目标：强化品牌，销售转化
例如：为什么说每个人都需要学好英语?	例如：下载 ××× App 学英语，随时随地想学就学。	例如：××× App 特惠：圣诞抽奖，赠送 1000 元学费！

表 3-2　不同人群的广告刺激策略

（2）消费者的属性

消费者的属性主要是指年龄、性别、地域、学历层次、收入层次等标签。为什么需要根据不同的属性来撰写文案呢？因为这样的内容能更好地拉近与目标用户之间的举例，加强用户的代入感，从而让用户产生该条内容是为自己打造的，更好的触动消费者，进而完成信息流的目标。

例如：

年龄：12 岁以下儿童免费抢票！经典音乐剧即将来袭

性别：长隆乐园 3 月女士特惠

地域：广东人太幸运了！这些 A 级景区全部 5 折！酒店交通也有优惠！

学历层次：本科以下学历的恭喜了！专属补贴赶快领！

4. 正确的信息：符合投放目标以及传播到位

（1）符合投放目标

信息流的投放目标主要分为品牌和转化两大类，其中提高品牌知名度时，需要强调口碑、行业地位，转化又分为促销、注册、下载，其中促销需要突出优惠力度、活动亮点；注册需要突出会员的特权，下载需要突出 App 功能等。

（2）传播到位

想要信息流广告传播到位，就必须在最短的时间内简单、直接、快速、有效地告诉受众：我是谁，我能提供什么好处，我和竞品有何差异？以此来吸引受众的注意力，完成传播的触达。这里主要分享以下几个技巧：

第一，通知用户

这类信息流广告看上去和通知消息差不多，常常包含“新消息、通知、友情提示、今天、现在”等字样，让用户感觉这是一个重要的消息内容。

举例：

从今天起，自考本科仅需要 ×××× 元

通知：这些人持身份证即可免费游玩 ×× 乐园

第二，好奇探秘

将有用的信息不在标题内一次说完，或者是将其包装成少数人才知道的秘闻，引发受众的好奇心，使其迫不及待地点开正文。

举例：

男友半夜不睡觉，竟然是在偷偷玩这个！

专柜的人不会告诉你，这里买鞋便宜这么多！

第三，制造稀缺

为用户提供一个看起来稀缺的机会，不管是限定时间、地点还是特定人群，都会促使用户更加珍惜这个机会，加紧决策，做出行动。

举例：

剩 10 个体验名额，减肥仅 99 元！立刻预约

距离自考报名结束还有 30 天，错过又要等一年

第四，强调优惠

通过提供特别优惠的价格或者是免费的机会，以此来吸引用户关注。

举例：

××牌跑步鞋，原价 499 元，现在只需 199 元！

厂家清仓，买二送一，现在下单，免费试穿！

第五，跟风从众

每个人都不想自己脱离社会的节奏，因此很容易周围人群的影响。这时可以告知其最新的时尚潮流，引发其关注。

举例：

腾讯正版手游，你有 50 名好友已经在玩，马上体验！

2019 年深圳最热门的网红店，你也打卡了吗？

通过以上信息流广告的撰写技巧，将会帮助创意文案更好的达成投放目标。

招式 4：着陆页，推广效果飙升的 3 大技巧

什么是着陆页？

如图（3-12）所示，将官网、App 中最希望用户看到的内容，通过不同的渠道分发出去后，由渠道带来流量，用户点击任意渠道的链接和内容（主要包括搜索引擎广告、信息流广告、朋友圈广告、应用商店的 App 广告、app 内部的活动推广图等）后进入的第一个页面即被称为着陆页，又可称为落地页或引导页。

着陆页能够为企业带来用户 / 客户，主要起着承接流量、转化

图 3–12　着陆页的投放流程

用户的重要作用。

1. 着陆页的分类

通常来说，任何着陆页有且只有一个目标，着陆页里的所有内容都是为了服务该目标而存在的。根据目标的不同，着陆页大概可以分为：

（1）点击型着陆页

什么是点击型着陆页，顾名思义就是在着陆页上会有按钮项让用户点击跳转到其他页面（如京东、淘宝、企业官网、下载页等），这样的着陆页起到了流量承接的作用。当流量被接引到着陆页上，用户通过点击上面的按钮进行下一步操作，在承接整个流量的同时也为其他页面做分发和转化。

点击型着陆页又可以分为：

第一类，发展目标用户，即通过着陆页引导目标用户注册、下载、订阅及关注等。

第二类，促进销售，即引导目标用户下单购买产品和服务。

（2）线索生成型着陆页

什么是线索生成型着陆页，指的是可以通过该着陆页面搜集到企业需要的用户信息。通常，这类着陆页的页面设置是一个信息表，当推广带来的流量进入该页面时，就能快速的搜集用户信息如姓名、联系方式等，有助于下一步营销活动的展开，方便将潜在用户变成自己真正的用户。

常见的表现形式包括优惠券发放、直接注册、预约报名等。

2. 着陆页文案的撰写

着陆页主要是由图片和文字组成，一般需要选择较为精美的图片，在阐释文案内容的同时，整体风格保持和谐统一。针对着陆页的文案，我们从上到下将其依次分为：标题、卖点阐释、场景痛点、品牌信息、行动号召。

（1）标题

当用户进入着陆页时，要让其第一眼就能看到自己感兴趣的内容。这就是标题要发挥的作用，即承载流量。因此在撰写标题时，需要注意以下细节：

第一，着陆页的标题比广告标题的表述更加直接；

第二，文字简洁有力，直接突出本页面最大亮点；

第三，充满诱惑力，能激发用户向下阅读的兴趣；

第四，需要与产品关键词或广告内容相承接；

第五，第一屏的各个标题之间相互呼应与补充。

（2）卖点阐释

卖点阐释主要是解释“你有什么”的问题，即产品或服务能给用户的核心价值。在撰写过程中需要注意卖点是否匹配了用户的主要需求，通常可以从需求的市场规模大小、需求的强弱和需求的精准度三个方面进行衡量。

那么如何更好地阐释卖点呢?

第一点，凸显卖点，让用户第一眼就能看到关键信息。

第二点，尽量用数字的形式进行表述，因为用户对数字更加敏感。

（3）场景痛点

该部分内容主要描述的是“和我有什么关系”。为什么要在着陆页上突出场景痛点呢？主要是因为我们需要以场景重现的形式，尽快唤起用户疼痛感，进一步激发起需求，此时再结合卖点阐释，就能彰显产品 / 服务的价值所在。

例如某中小学英语辅导课程，如果只是单纯的对家长说：我们的课程很棒，经过多少老师的集体研发，多少次更迭，用户未必会买，但是如果对用户说：孩子的英语成绩怎么也提不上去，家长一辅导就鸡飞狗跳；孩子英语学不好影响中高考，而且还影响学习自信心。这两种描述方式很明显，第二种更能激发家长的购买欲望，从而产生想要购买的冲动。

（4）品牌信息

品牌信息主要是为了解决用户的担忧，提升用户信任度的问题。因此，可以通过以下形式解决：

第一，产品销量：通过销量情况证明产品 / 服务过硬，所以我们值得信赖，例如已经有 ××× 人成了我们的用户。

第二，用户口碑：以用户心声的形式进行展现，引发新用户的共鸣。

第三，权威认证：通过权威认证的形式，体现产品和服务的稀缺性和高价值。

第四，明星背书：明星认可，容易引发从众效应，同时又体现了公司强大的实力。

第五，达人背书：借助行业 KOL 的权威感，从而使用户相信企业的产品和服务受到业内的认可和好评。

第六，奖项证明：证明国家政府和知名机构都认可本公司的产品/服务，如荣获 ××× 奖项。

（5）行动号召。

着陆页上所有的信息都是为了最后的行动号召所服务的，行动号召按钮上的文案即便是细微的差异，也会导致转化效果千差万别。建议在撰写该文案时需要注意：

第一，与标题内容相呼应。例如标题内容是注册有奖，行动号召则可以写成“即刻领奖”。

第二，号召的意图要明确而直接，让用户第一眼看到文字就知道自己应该做什么。

除了以上 5 点，这里再补充一点：表单。

对于线索生成型着陆页来说，页面中一定会有表单，为了提高用户填写的意愿，通常需注意：

第一，表单尽可能简短及贴心。作为企业，只需要考虑搜集那些信息方便后续将其转化为用户，因为填写的信息越多，流失率也就越高。

第二，表单减少对必填项的要求。有的表单将所有的填写信息都设置为必填选，如未填写则无法提交，这样对于用户的体验来说也不够友好。对于非紧要内容，则设置非必填项。

3. 着陆页 AB 测试与文案优化

为了更好地提升转化效果，着陆页制作完成后，仍需要通过 AB 测试对其进一步优化。

在 AB 测试的过程中，选择什么去测试主要取决于目标，例如增加用户的注册量。为了达成测试目标，就需要弄清楚是什么在影响用户注册。是需要填写的表单数量过多？注册的提示不够明显？所展示的内容是否能提供足够的信任感？用户的隐私声明是否到位？行动按钮的措辞是否明确？这些细节都可以通过 AB 测试来获得答案。在获得明确答案后，即可对着陆页的创意文案进行有针对性的优化。

对于创意文案来说，掌握好着陆页的撰写技巧非常重要，直接影响效果的好坏。

招式 5：电商文案，实现高转化的两大要点

电商文案是为了销售产品而写，相对于品牌文案的精神传达，电商文案更加注重如何用最容易理解的方式向消费者传达产品的好处和利益点。常见的电商文案包括产品详情页及产品海报。

1. 电商文案判定标准

电商文案是否优秀，主要可以从以下 3 个指标出发：

（1）跳出率

该指标主要用于反映页面内容受欢迎的程度。跳出率高，代表着页面内容需要调整，文案细节还需优化。

（2）转化率

作为电商文案的核心指标，转化率是指在一个统计周期内，完成转化行为占推广信息总点击次数的转化率。在电商网站中转化率越高，说明其盈利能力也就越强。

（3）访问深度

访问深度是指用户在电商平台上一次性浏览的网页数量，其主

要与内容导航相关。通常来说，消费者在某电商平台上一次性浏览的页面越多，就说明该平台越能吸引他们的关注。访问深度越大，就说明用户体验也就越好、平台的用户黏性也就越高，电商文案的设计也越合理。

2. 电商文案撰写步骤

如何让电商文案在言之有物的同时又不像说明书一样古板，可以从 3 个步骤入手。

（1）产品定位

产品定位，是指企业提供什么样的产品及服务来满足目标消费者的需求。举例，很多女性想要购买防晒霜，其需求是在于防止变黑想要变白。

（2）产品功能

用户会购买产品，是因为其功能能够满足他们的需求。一般来说，优秀的电商文案在描述产品时须符合这些特点：

第一点，用词准确简单，能够用最少的文字把信息传递清楚，内容太过繁杂，用户不愿意阅读长篇大论。

第二点，尽量避免抽象专业词汇，为了帮助用户理解，可以用大家已经熟悉认识的物品去描述该产品的功能。

例如，某黑头的护肤品描述其功能时，用了一句“赶走毛孔里的千年钉子户”。对于那些对于有黑头顽固的人来说，“千年钉子户”实在是太形象贴切了。

第三点，讲清产品所带来的利益点。

由于用户在看到产品的功能描述时，不一定能立刻理解产品对于自身的用处在哪里。因此，创意文案可以学着利用 FAB 法则，分别从属性（Feature）、作用（Advantage）和利益（Benefit）描述产品，从而更简单更直接地展示产品的利益点。

属性：产品所包含的客观现实，所具有的属性。

作用：该产品属性所具有的作用。

利益：产品能够为用户带来的利益。

举例：一件纯棉 T 恤的 FAB

序号	属性（Feature）	作用（Advantage）	利益（Benefit）
1	纯棉质地	透气性好，吸水性强	吸汗，不刺激皮肤，容易清洗
2	人字布包边	不容易散口	耐穿
3	备用纽	配套纽扣	不用担心扣子掉

表 3–3

通过以上的细节，从而方便说服用户这件衣服是不错的选择。

（3）使用场景

什么是使用场景？即通过不同的需求场景展现产品功能的使用，从而让用户相信该产品的确能满足自身需求。

使用场景主要分为两类，一类是如果有了该产品，将会怎样？一类是如果没有该产品，将会怎样？

在描述使用场景时，最重要的是如何让用户产生代入感。什么样的文案才能让用户有代入感呢？那意味着文案一定需要有丰富的细节。细节越丰富越真实，用户在脑海中才能自动勾勒出越清晰的画面，产生的代入感才会越强。

举例：

不知何时开始，我成为害怕阅读的人。就像我们不知道冬天从哪天开始，只会感觉夜的黑越来越漫长。

我是害怕阅读的人。一跟他们谈话，我就像一个透明的人，苍白的脑袋无法隐藏。我所拥有的内涵是什么？不就是人人能脱口而出，游荡在空气中最通俗的认知吗？像心脏在身体的左边。春天之后是夏天。但阅读的人在知识里遨游，能从食谱论及管理学，八卦周刊讲到社会趋势，甚至空中跃下的猫，都能让他们对建筑防震理论侃侃而谈。相较之下，我只是一台在MP3世代的录音机；过气、无法调整。我最引以为傲的论述，恐怕只是他多年前书架上某本书里的某段文字，而且，还是不被荧光笔画线注记的那一段。

——诚品书店的文案《我是害怕阅读的人》节选

从以上的细节就能感受到一个很久不读书的人在面对他人高谈阔论时的惶恐与不安，从而让这段内容的读者也忍不住反思自己到底多久没有读书了。

当然，想要进一步的放大电商文案的转化效果，也同样需要进行不断的AB测试和调整优化。

04 品牌创意文案的5大秘籍

品牌是一种错综复杂的象征，它是品牌属性、名称、包装、价格、历史声誉、广告方式的无形总和，品牌竞争是企业竞争的最高层次。

—— 大卫·奥格威

秘籍 1：好名字，让品牌赢在起跑线上

品牌公关类创意文案，主要分为两个部分：一是品牌文案，一是公关文案。品牌文案主要包括：品牌名、品牌口号、品牌故事即品牌热点文案等，公关文案主要是新闻稿。

另外，为了协调统一整体的营销战略，还需要注意品牌手册的撰写。品牌手册的内容不仅适用于品牌公关类创意文案，广告效果类创意文案也同样适用。

相对于广告效果类文案来说，品牌公关类创意文案同时作用于消费者心理路径三部曲的每个步骤。例如某英国奢侈品新进入中国，通过品牌文案可得知该产品是英国皇家专供、拥有 50 年的经营历史且畅销海外，那么对于消费者来说，在认知、认可及认购三个步骤上，很快就能被一步步说服，然后成为该品牌的消费者。

不过，品牌公关类文案基本上不提供直接的购买路径，因此最终的营销效果通常较难直接测定。

品牌名是企业最核心、最重要和最需要记忆和传播的资产。可口可乐总裁曾说如果可口可乐在世界各地的厂房被一把大火烧光，只要可口可乐的品牌还在，所有的厂房也能在一夜之间从废墟上拔地而起。正是因为大家会相信这个品牌名背后所代表的一切。

1. 品牌名的作用

通常来说，品牌名有四大作用：记忆、识别、调性、传播（如图 4-1）。

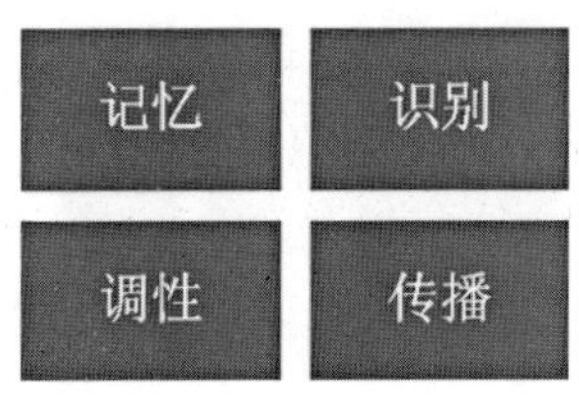

图 4-1　品牌名的作用

（1）记忆

记忆能降低了营销成本，看一遍能记住和看多遍才能记住的营销成本相差巨大。例如丧茶，对于深受丧文化影响的年轻人来说，这个品牌名，一次就记住了，无须进行反复的营销推广。

图 4-2　丧茶

（2）识别

识别，是指能够轻易地将品牌从众多的竞争者中区分出来。例如，同样是坚果类零食，三只松鼠和其他坚果品牌相比，很容易就打造出了自己的不同之处，从而进入消费者的视野完成购买引导。

图 4-3　三只松鼠

（3）调性

调性，指的是透过品牌名能够感受其文化气质和风格特点。例如，茶颜悦色（如图 4-4）、奈雪の茶（如图 4-5）、一点点奶茶（如图 4-6），明显会感受到在调性上茶颜悦色偏向古典，奈雪の茶则偏向日式，一点点则偏向小清新。

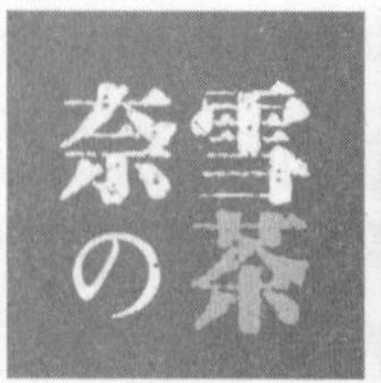

图 4-4　茶颜悦色　图 4-5　奈雪の茶　　图 4-6　一点点

（4）传播

传播是指品牌名自带流量和洞察。流量是指光是品牌名就能成为话题，引发社交讨论；洞察是指戳中了目标消费者的需求所在，解决了品牌忠诚度的问题。例如餐饮品牌“叫个鸭子”（如图 4-7），很容易就引爆了社交话题，并且能从品牌名上就能知道他们是销售鸭制品。

图 4-7　叫个鸭子

2. 品牌取名的原则

在为品牌取名的过程中，必须符合以下原则：

（1）传播成本低

第一点，识别成本低，一看就懂。

例如餐饮品牌太二酸菜鱼（如图 4-8）和真功夫（如图 4-9），从字面意思大家很明显更知道前者是做什么菜式的餐馆。

图 4-8　太二酸菜鱼　　　　　　图 4-9　真功夫

第二点，记忆成本低，符合规律。

例如在线旅游公司，在记忆成本上携程 > 飞猪 > 去哪儿网。因为去哪儿网的品牌名称更加接近口语，同时又符合大家对于出门旅游的认知。

图 4–10　携程　　图 4–11　飞猪　　图 4–12　去哪儿

第三点，转述成本低，脱口而出。

例如家纺品牌“一朵棉花”和“罗莱家纺”，明显前者在表述时简单得多，而后者在转述时可能要告诉别人“罗是罗永浩的罗，‘莱’是上面一个‘草字头’下面一个‘来往’的‘来’”。

图 4–13

图 4–14

第四点，搜索成本低，拼写方便。

例如英语学习品牌“无忧英语”在电脑上就能一次性就输入，而“阿卡索外教网”则需要停顿几次才能输入正确的品牌名。

（2）具有投资价值

好名字是具有投资价值，每一次的广告宣传都是为这个品牌名在增加投资收益。为了方便品牌名后续的推广以及运营，必然需要注重以下几点：

第一点，品牌名是否被其他企业使用？

第二点，品牌名是否能直接用来注册企业？

第三点，品牌名的中文全拼是否能直接用来注册域名？

第四点，品牌名是否涉嫌法律、道德等敏感内容？

第五点，品牌名是否具有负面含义？

第六点，品牌名是否能正常注册商标？

（3）符合产品属性

好的品牌名需要与产品相辅相成，相得益彰。这里就需要在取名时充分的结合所在品牌、市场定位来进行决策。因为一个品牌名一旦敲定，就意味着要长期使用，如果后续更改则浪费原本的积累。例如加多宝公司重金打造出王老吉这个品牌，在失去名称使用权后改名为加多宝则越发颓势。

3. 品牌取名的技巧

（1）用生动的符号说话：数字、动物

在《超级符号就是超级创意》一书中提到超级符号能够让品牌更具传播力。因此利用日常生活中常见的符号作为品牌名也更容易获得用户的关注和喜爱。例如坚果品牌“三只松鼠”、饮品品牌“四个核桃”、家纺品牌“一朵棉花”就充分利用了这种取名方法，让人从品牌名上就能感受到：三只松鼠包装袋里的坚果就是来自于森林甚至可能是被松鼠藏起来的；一杯四个核桃易拉罐里的饮品就是用四个核桃压榨出来的；一朵棉花的纺织品就是洁白无瑕的棉花制作出来的。

（2）采用叠词、重复的手法

这类品牌名通过重复的手法表达叠词，在朗朗上口的同时强化了传播力，便于快速占领消费者的心智，同时，也提高了品牌的亲和力。运用该手法的品牌很多，例如滴滴出行、旺旺雪饼、美图秀秀、钉钉、陌陌等。

（3）正面联想，寓意美好

取名时要注意名称、同义词、谐音是否会让人想到负面含义，从而给品牌带来不良印象。例如可口可乐的中文译名曾为“蝌蚪啃蜡”，这个名字也使得可口可乐在中国市场上一度遇冷，而如今的名字则让人联想到好喝、快乐，前后两个名字在联想和寓意上简直是天差地别。

（4）引用文化经典

因为文化经典广为人知，所以引用其作为品牌名，一定程度上降低了沟通成本和传播成本。

例如“阿里巴巴”来自《一千零一夜》中的故事《阿里巴巴和四十大盗》，这背后还隐藏着这么一个说法，“芝麻开门”是打开秘密宝藏洞门的咒语。

（5）展现产品卖点 / 功能

通过直接突出产品的卖点和功能，能迅速绑定消费者的需求，从而深化大众对品牌的认知和记忆。例如百词斩展现了其背单词的卖点，支付宝则展示了其支付的功能。

以上就是取名时的常见技巧，按照这些技巧取出来的名字都不会太差，最好是同时运用以上几个技巧，让品牌赢在起跑线上。

秘籍 2：取好品牌口号的 3 大诀窍

品牌口号是企业核心理念的浓缩，通过一句简短的话或者是精准的词，从而快速地向受众传达品牌内涵。它的作用是定义品牌，用以辅助品牌 logo、加强品牌的沟通力，被看作企业品牌形象的一部分，可以适用于企业营销的各个方面，通常是和品牌 logo 一起出现和传播的。企业一旦确定了品牌口号，是不会轻易更换的。

1. 一个优秀的品牌口号要符合那些原则：

（1）简单

大多数成功的品牌口号的字数都在9个字以内，可以让用户能快速地理解其含义。

耐克：Just do it（只管去做）

锐步：I am what I am（我就是我）

麦当劳：I'm loving it（我就喜欢）

中国电信：世界触手可及

（2）有意义

不能因为知名企业有一个品牌口号所以自己也跟风打造一个。一旦打算投入精力和营销预算来打造时，就要确保该口号能够真正为品牌带来价值。否则，宁可不做。

美的：原来生活可以更美的

果壳网：科技有意思

优酷：世界都在看

（3）清晰明了

不要让用户去猜测口号是什么意思，而要保证它能够清楚的说明公司的使命或者目的。

世嘉：Welcome to the next level（欢迎来到下一关）

莱卡相机：My point my view（我的镜头，我的观点）

淘宝：淘！我喜欢！

（4）展现利益

客户关心的是利益，而不是功能，因此要告诉顾客你的品牌或者产品能为他们带来的利益是什么。

宝马：Sheer Driving Pleasure（纯粹驾驶乐趣）

京东商城：多，快，好，省

阿里巴巴：天下没有难做的生意

2. 打造品牌口号的步骤

（1）以终为始

企业想要发展得越来越好，就需要为其设定一个目标，了解以下两个问题：

第一点，希望企业在未来的 5~10 年内达到什么水平？

第二点，希望企业应该主张什么？应该帮助谁？

（2）明确想要唤起什么样的情绪

厉害的市场营销会充分利用人们的情绪，在打造品牌口号时也不例外。因此，对于企业来说，就需要明确：当人们想到自身的品牌时，希望他们有什么感觉？比如快乐、骄傲等。

图 4-15 是有关各种情绪的普洛特契克的情绪轮模型（Plutchik's emotion wheel），该模型有助于将情绪分类为：主要情绪和对它们的反应。他认为，情绪最初是一种进化的产物，对

每一种情绪的反应，都有可能带来更高程度的反应。

明确想要唤起的情绪，并且将这样的情绪通过文字传达出来。

（3）头脑风暴

在确认过企业的发展目标、目标用户及想要唤起的情绪后，下一步就是打造品牌口号。

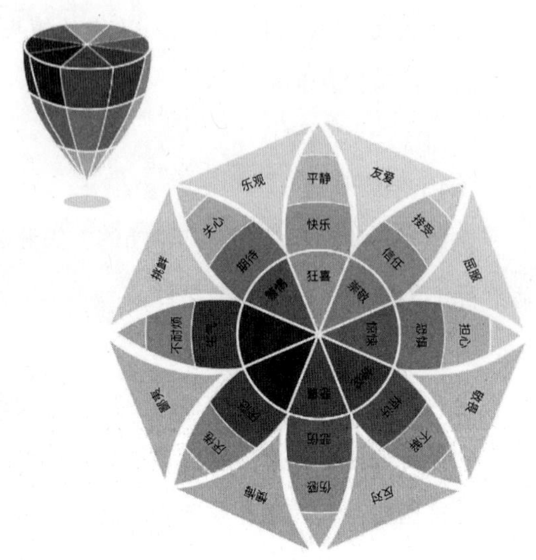

图 4-15　普洛特契克的情绪轮模型

例如，你想要成为某咖啡杯的大型零售商，设定的目标是在 10 年内卖出 1000 万个咖啡杯，当顾客拿出他们最喜欢的杯子时，你希望他们每天都能微笑一次。

那么一个好的品牌口号可以是：

爱是一只马克杯

每天一个微笑

坐下，抿一口，微笑

想要创造出这些品牌口号，就需要不断去想象顾客拿着马克杯时的感觉，并且通过词汇将其转化为文字。因此，为了能够找到更好的品牌口号，建议可以一次性罗列 10—20 个想法，即便刚开始质量不是很好也无妨，因为当你真的开始发散思维时，最完美的那个口号就会慢慢浮现在脑海中了。

3. 从经典的品牌口号中学习

下面将以几个经典的品牌口号为案例，通过分析其所承载的信息及发挥的宣传效果帮助大家更好地掌握打造品牌口号的方法。

（1）Taste the Feeling

图 4–16

自 1886 年以来，可口可乐（Coca-Cola）已经多次改变了自己的品牌口号。表 4-1 是他们曾经做出的 15 个改变：

年代	品牌口号
1886	Delicious and Refreshing
1904	Drink Coca-Cola
1905	Coca-Cola Revives and Sustains
1906	The Great National Temperance Beverage
1907	Good to the Last Drop
1917	Three Million a Day
1922	Thirst Knows No season
1923	Enjoy Thirst
1924	Refresh Yourself
1925	Six Million a Day
1926	It Had to Be Good to Get Where It is

1927	Pure as Sunlight; Around the corner from Everywhere
1929	The Pause that Refreshes
1932	Ice Cold Sunshine
1938	The Best Friend Thirst Ever Had; Thirst Asks Nothing More

表 4-1 可口可乐品牌口号的变迁

最新的品牌口号 Taste The Feeling（如图 4-16）中文意思是“品尝感觉”简单明了，朗朗上口，便于推广。当大家听到该品牌口号，自然而然就会联想起饮用可口可乐时那种清爽放松的感觉了。

（2）Think Different

图 4-17 苹果的经典品牌口号

“Think Different”是苹果最为经典的品牌口号，充分地展示了其价值观。Think Different 的中文意思是“非同凡响”，是那些具有独立的思想的人；是那些有勇气抛弃世俗的眼光特立独行的人；是那些具有空杯心态愿意学习新事物的人；是那些不甘庸庸碌碌、为了追求个人理想而不懈努力的人；是那些想改变世界的人。Think Different 的价值观决定了苹果公司的目标用户群体。而苹果公司则将全部精力放在那些“具有 Think Different 价值观”用户身上，满足他们的极致体验。

（3）GE imagination at work

这是 GE（通用电气）的品牌口号（如图 4-18），意思是“通用电气，梦想启动未来”。

发明家托马斯·爱迪生于 1878 年创立了爱迪生电灯公司。

图 4-18　通用电器的品牌口号

1892 年，爱迪生电灯公司和汤姆森 - 休斯敦电气公司合并，成立了通用电气公司（GE）。经过 140 多年的发展，通用电气成为世界上最大的多元化服务性公司，从飞机发动机、发电设备到金融服务，从医疗造影、电视节目到塑料，GE 公司凭借着梦想的执着，为用户创造了更美好的未来世界。

图 4-19　小米的品牌口号

（4）为发烧而生

图 4-19 是小米手机的品牌口号。该口号充分地体现了小米手机，“低价格”“高性价比”这两个特点，同时也因其配置高深受手机“发烧友”的喜爱，以至于到了狂热的地步。

秘籍 3：讲好品牌故事的 4 大关键点

品牌故事是指对定位（针对竞争对手确立的差异化价值）的戏

剧化表达。如果说品牌的定位是它的核心，那么戏剧化就是表现形式。

1. 为什么品牌故事很重要

主要原因是：

（1）一个好故事除了能向受众解释复杂的内容，而且还能让受众自发传播。

（2）品牌故事不仅能够展现企业是如何经营的，而且还展示了企业为什么存在，以及企业是如何凭借其独特性来帮助客户解决问题的。

（3）品牌故事能够为企业带来活力，与客户之间建立起更有意义的情感联系，激发信任和忠诚度，带来销售、推荐和回头客。

以知名花店野兽派为例（如图 4-20）：

野兽派花店
2012-5-8 14:13 微博 weibo.com

数月前Y先生订花，希望表现莫奈的《睡莲》。当时托客服转告，没有适合花材无法创作。他回信说"美值得等待"。之后，他从未催促，我从未停止寻找。。。直到上月在地中美术馆得到灵感，昨天觅到花材，做成这盒"莫奈花园"。。。它是向Y先生的致敬之作，是所有对美心存执念的普通人，心中的秘密花园。
查看翻译

图 4-20　野兽派花店的品牌故事

与传统的花店相比，野兽派绝对算得上是花店中的奢侈品，因为其花卉礼盒少则三四百元，多则上千元，即便价格如此高昂，依旧广受追捧。这一切很大程度要归功于其充分地利用了品牌故事。

野兽派秉承的观点是每束花都是个故事，玩的就是浪漫煽情，在其成立之初，要买花，微博私信，要下单，使用支付宝。没有目录参考，顾客将自己的情感故事告知老板娘，老板娘根据故事，搭配鲜花，做成独一无二的花束。顾客的情感故事，该花店会以匿名的方式发到官方微博上，配上相应的花束图片。

这样的情感故事引起粉丝的共鸣，进行转发传播，让该花店品牌的名声，就在这一个又一个故事中打响了，并偶尔会获得明星转发。

2. 撰写品牌故事的切入点

想要撰写品牌故事，主要包括以下切入点：

（1）品牌的历史和故事

品牌虽然是新品牌，但是大多数情况下产品不一定是全新的，那么这个产品的品类一定是具有一定的历史和故事的。例如在1911 年泰坦尼克号海难中，一件 LV 硬皮箱从海底打捞上岸后，竟没渗进海水，比那艘号称“永不沉没”的邮轮更靠得住。

（2）创始人的创业故事

很多品牌的故事都是创始人的创业经历，如讲述他曾经为这个品牌的发展付出了多少的心血，多么努力用自己的产品和品牌改变人们的生活，为消费者带去幸福和快乐。

例如褚橙创始人褚时健前半生打造了红塔山烟的神话，因经济问题入狱 12 年，出狱后花费 8 年的时间终于又打造出了褚橙这一产品（如图 4–21）。

图 4–21　褚橙

（3）品牌态度

用品牌态度来讲故事看上去有些空洞和不切实际，想要解决这一点，就需要这个品牌在于其产品设计、功能、包装、销售、传播等所有范围都有秉承同样的态度。例如网易严选，秉承“好的生活没那么贵”的品牌态度，严格把控从原料、生产、质检、销售到售后等各个环节，与一线大牌制造商合作，每款产品在保证高品质的同时又符合中产阶级的审美。

（4）市场潜在需求

对于创新型产品的品牌故事，则可以从讲述满足市场潜在需求进行切入。例如北欧家具品牌宜家，其诞生就是为了满足大家动手组装家具的成就感。

3. 撰写品牌故事的原则

想要打造一个优秀的品牌故事，就需要秉承以下原则：

（1）有真实的故事来源，保证其可信度；

（2）短小精悍，方便记忆；

（3）情节曲折，富有戏剧性；

（4）和品牌定位紧密相连。

4. 撰写品牌故事的方法

（1）完整的故事要素

在撰写过程中，注意故事情节要完整，必须包括时间、地点、人物、起因、经过、结果这六要素。

第一点，时间：开头就需要点名故事发生的时代背景，增加故事的真实性。

第二点，地点：清楚地表述故事发生在什么地方，帮助读者尽快进入场景，在提升真实感的同时，突出创作者想要表达的主题。

第三点，人物：点名故事主人公的姓名，让人确信这个故事是真实存在的。

第四点，起因：阐述这个故事因何而发生，逐步引入读者进入故事。

第五点，经过：描述清楚主人公都经历了那些事情，需要具体化、细节化。

第六点，结果：讲清故事的结局，紧扣故事的主题，需要让人充分信服这个结局是真的。

（2）讲好品牌故事的技巧

如何讲好品牌故事，需要包括这四个要素：角色、情绪、悬念和细节。

第一点，角色

故事中所涉及的人物角色需要符合其身份、个性及经历。这样才能够让人信赖该故事的真实性。

第二点，悬疑

悬念是折磨读者的利器。一个好的故事是不能缺少悬疑的。只有在故事情节中设置悬疑，才能够一步步引导读者继续阅读并且传播。

第三点，情绪

在前面的部分，我们已经提到过品牌故事是用来与用户建立情感连接的。因此品牌故事中必须带有情绪，例如快乐、幸福、坚持等。

第四点，细节

故事生动与否，与细节紧密相关，因此情节中必须有戏剧化的场景和细腻的描述。

综上所述，对于品牌来说，一个好的品牌故事意义重大，因此，创意文案可以有目的专门挖掘相关的故事，整理加工后再进行传播。

秘籍 4：3 个工具 +1 个技巧，追热点的正确姿势

对于创意文案来说，追热点是常见的工作内容之一。那么，什么是热点话题，热点话题是指一定时间、一定范围内，公众最为关心的问题。

热点话题主要分为两类，可预估热点和不可预估热点。可预估热点是指节日、节气和电影宣发等，不可预估热点是指突然爆发的新闻和八卦。

1. 如何及时的捕捉热点话题呢？

这里介绍三种常用工具：

（1）爱微帮每日热点 zx.aiweibang.com/daily

爱微帮的每日热点板块（如图 4-22），对热点做了超详细的整合，对每个营销事件作了分类和介绍，提供百度热搜、微博热搜、历史热点、未来头条、节日大全等多方面的资料参考。

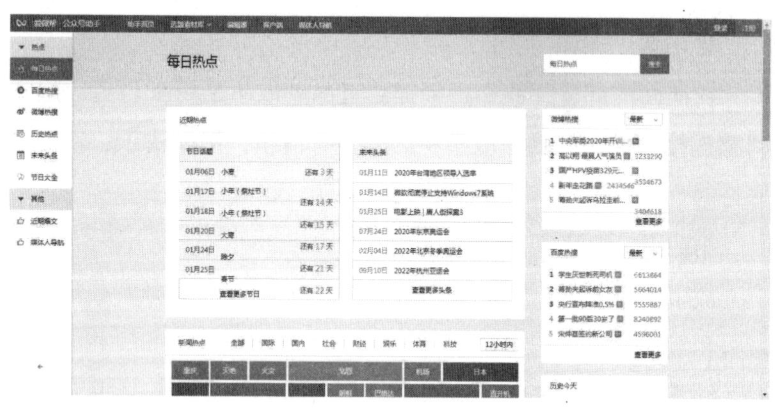

图 4-22　爱微帮的每日热点

（2）壹伴热点中心 yiban.io/hot_articles

整合了搜狗微信、头条指数、微博热搜、百度指数、知乎精选等主流平台的热搜词条及文章，一个页面就可以浏览多个平台的实时内容（如图 4-23）。使用前，需要在浏览器安装壹伴插件（下载地址：yiban.io）。

图 4-23　壹伴热点中心

（3）新媒体管家营销日历 calendar.xmt.cn

游客状态下即可浏览全年营销事件，同时能进行指定日期收藏、分类筛选、日历定制等操作，有助于热点的及时跟进（如图 4-24）。

图 4-24　新媒体管家营销日历

2. 如何撰写品牌热点创意文案?

这里需要运用到我们在前面章节提到的创意方法：曼陀罗思维法和坐标系组合法。

这里以可口可乐在国际反家暴日的创意文案为例子。

（1）用曼陀罗思考法打开联想

第一步，用“反家暴”作为核心词，进行发散，得到 64 个相关的关键词（如图 4-25）。

家庭隐私	家务分工	用手掌柜
家暴	4 家务事	调解员
同居	家庭关系	公权力

离婚	故意伤害罪	家暴告诫书
法律援助	5 反家暴法	人身安全保护令
妇联	反家暴日	报警

轻视	受虐者	失联
疏远	6 冷暴力	煎熬
施虐者	冷战	正面冲突

管教	收集证据	抚养权
虐待儿童罪	3 虐待儿童	幼儿园
身体虐待	精神虐待	性虐待

4 家务事	5 反家暴法	6 冷暴力
3 虐待儿童	反家暴	7 抑郁
2 殴打	1 亲密关系	8 死亡

心酸	低龄化	抑郁症现象
抑郁症自测	7 抑郁	治疗
自杀	抑郁症	运动

殴打的认定	人体损伤鉴定标准	骨折
治安处罚	2 殴打	瘀青
意外死亡	治疗	伤痕

亲密关系恐惧症	回避型人格障碍	心理咨询
亲子关系	1亲密关系	非暴力沟通
婚姻关系	情侣关系	归属感

痛苦	抢救	心理创伤
安乐死	8 死亡	困境
自杀	绝望	猝死

图 4-25　“反家暴”核心词发散

第二步，用“名画”作为关键字进行发散，得到表 4-1：

4　达·芬奇	5　梵·高	6　印象派
3　毕加索	名画	7　美国名画
7　美国名画	1　欧洲名画	8　中国名画

表 4-1　以为“名画”发散

将其中的欧洲名画作再次发散扩展（见表 4-2）：

马蒂斯《舞蹈》	达·芬奇《蒙娜丽莎的微笑》	约翰内斯·维米尔《戴珍珠耳环的少女》
埃贡·席勒《速写作品》	1 欧洲名画	雅克路易斯达维特《马拉之死》
莫奈《撑伞的女人》	蒙克《呐喊》	列宾《恐怖的伊凡和他的儿子》

表 4-2 “欧洲名画”发散

（2）用坐标系组合法寻找创意点

第一步，列出关键字。

反家暴：家暴、非暴力沟通，抑郁症，自杀，亲密关系、亲密关系恐惧症，回避型人格障碍，瘀青，意外死亡，虐待儿童罪，家庭隐私，离婚，法律援助，人身安全保护令，冷暴力，施虐者，抑郁症现象、家务事。

名画：蒙克《呐喊》、莫奈《撑伞的女人》、埃贡·席勒《速写作品》、马蒂斯《舞蹈》、达·芬奇《蒙娜丽莎的微笑》、约翰内斯·维米尔《戴珍珠耳环的少女》、雅克路易斯达维特《马拉之死》、列宾《恐怖的伊凡和他的儿子》。

第二步，组合。

最后得到以下组合（如图 4-26）：

蒙克《呐喊》+ 回避型人格障碍 + 非暴力沟通

莫奈《撑伞的女人》+ 亲密关系

埃贡·席勒《速写作品》+ 瘀青 + 自杀

马蒂斯《舞蹈》+ 伤痕 + 家庭隐私

达·芬奇《蒙娜丽莎的微笑》+ 家暴 + 抑郁症

约翰内斯·维米尔《戴珍珠耳环的少女》+人身安全保护令

雅克路易斯达维特《马拉之死》+意外死亡

列宾《恐怖的伊凡和他的儿子》+施虐者+意外死亡

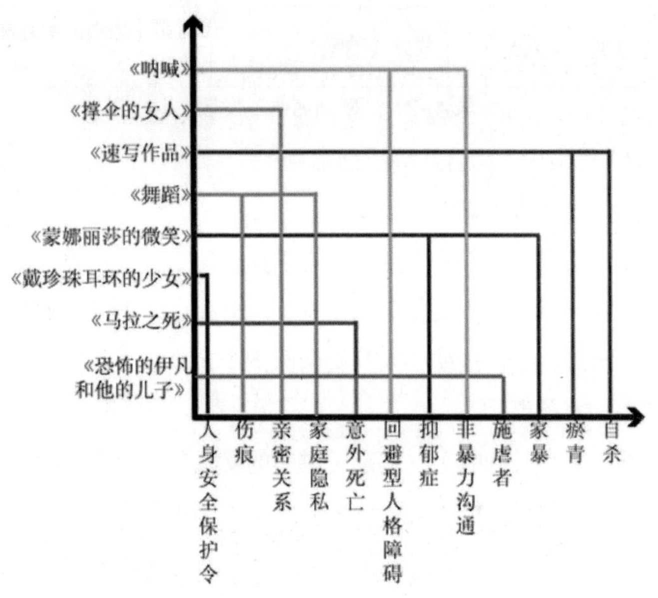

图 4-26　坐标系组合法

（3）将创意组合转化为文字，以下是部分创意文案

第一张海报，将达·芬奇的《蒙娜丽莎的微笑》与家暴、抑郁相组合，得到创意文案之一（如图 4-27）：

在中国，每 7.4 秒就有一位女性遭遇家暴。

伤害就是伤害，不要自欺欺人，

它不是因为自己做得不好，

更不要把伤害假想为一种奉献和圣洁。

宁愿没有所谓完整的家，

也不要噙着泪水。

第二张海报，将莫奈的《撑伞的女人》与亲密关系相组合，得到创意文案之二（如图 4-28）：

近八成中国儿童都遭到过不同形式的虐待。
同时超过八成的家暴家庭都有未成年人。
经历、目睹过家暴的孩子，
长大后更有可能成为虐待儿童的施暴者。
家暴影响的远不止一代人。

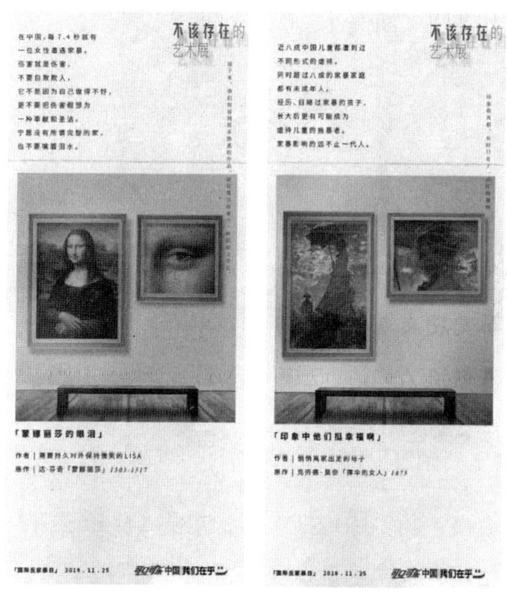

图 4-27　创意文案之一　图 4-28　创意文案之二

第三张海报，将埃贡·席勒《速写作品》与瘀青、自杀相组合，得到创意文案之三（如图 4-29）：

在中国，
每年有 9.4 万人因无法忍受家暴自杀。
而绝大多数家暴受害者选择逃避、
隐忍和沉默。
其深层次原因是
物质 / 精神无法独立。

第四张海报，将马蒂斯的《舞蹈》与伤痕、家庭隐私相组合，得到创意文案之四（如图 4-30）：

家暴不是“别人家的家务事”，
千万不要当旁观者。
30% 的已婚妇女曾遭受家暴。
忍耐越久，受到的伤害越大。
如果你察觉朋友或邻居被家暴，
一定要鼓励他 / 她，
及时用法律武器来保护自己。

第五张海报，将约翰内斯·维米尔的《戴珍珠耳环的少女》与人身保护令相组合，得到创意文案之五（如图 4-31）：

家暴不仅是对人身体上的伤害，
更是精神上的伤害。

橄榄枝头盔能抵抗部分暴击，

却无法弥补对情感上的伤害。

展览结束后，请及时领取对抗家暴“护具”。

通过以上例子，我们会发现其实创意并没有那么难。

图 4-29　创意文案之三　图 4-30　创意文案之四　图 4-31　创意文案之五

秘籍 5：品牌手册，营销战略落地的重要工具

品牌手册，又称为品牌指南、品牌标准或者品牌工具包，主要是用来解释品牌身份及展示品牌规范。为什么做（我们的品牌定位）、怎么做（如何实现品牌定位）、做什么（为了实现品牌定位，不同岗位和场景下应该如何处理）都能在其中找到答案。

1. 为什么要撰写品牌手册？

品牌手册能够帮助企业更好的运营和推广品牌。对于不同的设计师和营销人员来说，有了品牌手册，即便是面对不同的工作任务，对外输出的任何营销材料都能保持风格一致，从而避免出现品牌形象混乱影响可信度等问题。另外当有新成员加入企业或者项目时，品牌手册也会帮助他们更快地适应工作要求，降低其在工作中出错的可能性。

2. 创建品牌手册前应该知道什么？

为了保证营销手册能够真正得发挥作用，在制定时就要考虑到其落地性，太过严格则限制员工的创造力，太过宽松则毫无用处。当营销手册制定完成，则需要保证其能够在全公司的范围 内推广，并保证真正的执行到位。

3. 品牌手册由谁撰写？

品牌手册的制定是需要公司的团队一起完成，通常情况下，管理层、设计部门、营销部门、运营部门都需要参与进来，如果企业有专门的品牌部门的话就更好了，可以由其来作为主导。在整个制定过程中，为了推动进度的展开，必须有一个专门的负责人来协调，要求其不仅精通品牌能够参与品牌身份的塑造，而且还必须有话语权、决策权。

4. 品牌手册的内容应该多长？

品牌手册的长短不一，从一页到几十页的情况都有，主要和公司的复杂性、视觉元素的多寡、营销材料的种类相关。

5. 如何设计品牌手册？

创建一本真正有用的品牌手册是不容易的，需要遵循以下原则：

（1）了解品牌手册的目标读者

在创作一本品牌手册之前，需要清楚的了解谁将接收、阅读和使用这些指导方针。因为只有清楚的了解目标读者后，才能够有的放矢地创作内容。

（2）与企业风格保持一致

品牌手册应该真正代表公司形象、企业文化和工作风格。例如，对于一家健身公司来说，定位是拥有年轻、充满活力和健康，那么，该公司的品牌手册就应该倾向有趣、开放和活泼的风格。

（3）内容详尽，贴近实际

品牌手册需要结合常见的场景来展开，务必为读者提供有用的、具体的、无歧义的内容，从而使其能发挥最大的作用。

（4）完善配套素材库

为了避免大家出现使用旧的或者错误的品牌素材等情况，需要建立一个专用的素材库，并且保证相关使用者都能够随时访问。在该素材库中需要包括所有的 logo、使用规则及其他材料。

（5）定期回顾及更新品牌手册

由于品牌不可能永久不变，因此定期的回顾及更新是有必要的。在更新品牌手册时，必须记得表明版本号以及更新相应的配套素材库，从而方便设计师、分销商等不同角色都能够按照最新的品牌手册的要求执行。

6. 品牌手册中应该包含什么？

（1）关于品牌

主要包括使命、愿景、价值观、品牌个性及品牌故事。按照企业的目标及对内容的详尽要求，该部分内容可长可短。通常来说，简单陈述即可。

第一，使命

使命是该品牌存在的理由，解释了品牌为了而存在。使命告诉品牌相关的每个成员，他们准备为这个世界做出怎样的贡献。例如某制造企业的使命是：弘扬工业精神，追求完美质量，提供专业服务，创造舒适环境。

第二，愿景

愿景是对于品牌未来的设想及展望，是企业在整体发展方向上要达到的一个理想状态。例如格力空调企业的愿景是“缔造全球领先的空调企业，成就格力百年的世界”。

第三，价值观

价值观是企业所认可和推崇的价值评判标准，为日常工作的各个方面提供了行为准则，也为处理各种矛盾提供了判断依据。例如，谷歌的价值观是不作恶。

第四，品牌个性

品牌个性即品牌的人格化，在前面的章节我们提到 12 种品牌原型，品牌可以借鉴参考，并塑造出自己独特的品牌个性。

第五，品牌故事

品牌故事即品牌为什么会存在，包括为什么会诞生、为什么想以此改变世界、为什么很重要及为什么与众不同。对于品牌来说，需要找到适合自己的品牌故事，并通过传播品牌故事更好的驱动品牌战略。

（2）关于消费者

第一，消费者速写

品牌的本质是产品，而产品的核心是消费者。因此了解消费者是谁？他们对于品牌的认知、认可、认购情况是怎么样的？这些都是需要在消费者速写中展现的内容。

第二，消费者洞察

消费者洞察即用户需求，品牌的目标受众想要的是什么？品牌怎么样去满足这些需求呢？能哦股给予什么资源，这些都会在消费者洞察中找到答案。

（3）视觉指引

第一，logo 的使用

如何确保 logo 在任何环境下都保持最佳的状态，就需要描述清楚 logo 的颜色，logo 的大小，logo 的比例，logo 的用法，以及 logo 的不同类型 / 风格。

第二，调色板

在品牌手册中，一定要展示品牌颜色的样本（包括主色、次色和交替色）、色卡名称及其编号（包括 CMYK、RGB 和 Hex 编号），以此保证不同使用场景下品牌颜色的一致性。

第三，字体设计

针对 logo 的字体及文档的排版（包括标题、副标题及段落），在品牌手册应该列出所使用的字体名称、使用方法及下载来源。从品牌的角度来看，可以决定是否需要一个字体家族还是多个字体家族。通常来说，建议 logo 和文档都使用同一种字体，这样有助于品牌形象的统一。

（4）品牌互动传播指引

为了保证品牌在不同社交媒体都以统一的形象出现，品牌的社交媒体资产如品牌头像、主页背景图、品牌内容及其文案风格等均需要保持一致性。在品牌手册中需要针对这些品牌资产给出范例，以确保能在日常的运营中顺利执行。具体包括：

第一，语法和格式：缩写、数字、大小写、缩略词、时间和标题；

第二，文案风格：偏向专业深奥还是通俗易懂等；

第三，沟通语调：偏向亲切友好还是疏远冷淡等；

第四，编辑风格指南：编辑文章时的指导方针、格式要求及架构特点；

第五，社交媒体推送指南：发布时间、发布内容及内容类型。

对于有些读者来说，在阅读或执行品牌手册的过程中，或多或少难免会碰到一些无法解决的问题，可以在书的最后部分设置专门的 FAQ 板块用来回答常见问题，还需要提供相关的联系人及其电子邮箱，方便解答更细节和更深入的问题。

05

创意文案修炼的 7 大技巧

建立自己的风格与专业，把自己当作一项事业，当成个人品牌在经营，创造自己名字的价值，帮自己建一个别人拿不走的身份，而不是社会价值下的职位。

—— 台湾创意人　李欣频

技巧1：围绕能力模型，全面提升

创意文案能力模型主要包括两个部分（如图5-1）：专业能力，通用能力。

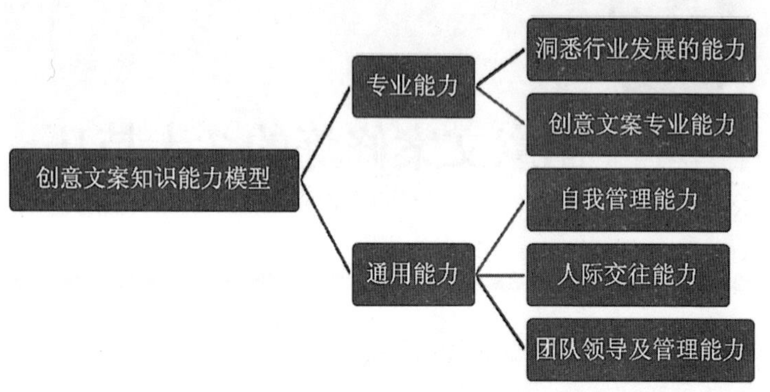

图5-1　创意文案能力模型

1. 专业能力

不管身处甲方还是乙方，创意文案都是通过内容去和用户交流，以及说服用户。因此不仅需要了解自己所涉及行业的知识，而且还需要深耕创意文案的相关技巧。

（1）洞悉行业发展的能力

正所谓知己知彼，百战不殆，创意文案想要在职场上不断发展，就需要掌握洞悉行业发展的能力，其主要包括这5个方面：行业发展历史、行业上下游的发展情况、行业主要竞争对手的发展情况、所服务品牌的发展情况以及行业未来的发展潜力。

（2）创意文案专业技能

创意文案专业技能包括以下内容：

第一点，文案能力

文案撰写能力，包括写作风格、写作速度以及针对不同题材、行业、表现手法时的文字驾驭能力。

第二点，创意能力

创意能力作为创意文案这一岗位的基础能力，如何拆开思维里的墙，是一件需要持之以恒的能力训练。

第三点，策划能力

制定营销策略，统筹推广资源，最大化发挥创意文案的效果，都是依靠着策划能力在发挥作用。

第四点，数据分析能力

用数据指导创意文案的撰写和优化工作，就如同用定位卫星指导着船只在茫茫大海中前行。

第五点，PPT 能力

这里其实可以拓展为 OFFCIE 套件的使用能力，但是鉴于创意文案工作的特殊性，使用 PPT 的机会比 office 和 excel 更多，因此 PPT 的能力水平更具有突出性。当然除了制作能力，同样也对 PPT 的演讲能力也有较高的要求。

第六点，审美能力

很多情况下，创意文案是需要与设计师 / 美术指导共同完成工作，因此需要具备一定的审美能力，才能在撰写文案时就形成一定的画面感，方便后续的配图或者制作成图片视频等。

2. 通用能力

什么是通用能力？是指无论在什么行业、公司、岗位，每个职场人士都需要掌握的能力。如果通用能力不提升，专业能力的发挥也会受到限制。因此培养良好的通用能力，才能更好地帮助职场人在事业生涯上走得更远更好。

具体来说，通用能力主要包括以下三个层次：

（1）自我管理能力

主要包括个人特质和个人技能两部分。

第一点，个人特质。

主要包括两个部分：个人性格如诚实、正直、善良和坚韧等；个人态度如认真、负责、细致和耐心等。

第二点，个人技能。

个人技能主要包括 3 个部分：自我管理能力如时间管理、目标管理和情绪管理。

时间管理能有助于提升工作效率；目标管理则是立足当下放眼未来，帮助自身做出最好的选择；情绪管理则是能量补给站，因为职业发展到一定阶段,尤其是到了职业晋升爬坡期的高压力状态下，要特别重视情绪管理和自我赋能，这样才能更好突破天花板。

（2）人际交往能力

我们在工作中不可避免地会和人打交道，因此人际交往能力越好，我们能更好更快的完成工作。人际交往能力主要包括沟通交流能力、表达陈述能力、写作能力、演讲能力和谈判能力。

在提升人际交往能力时，需要注意以下两点：

第一点，充分了解人与人之间的思维、行为的差异性。

这里推荐如 MBTI、DISC、贝尔宾团队角色认知等测评工具，方便了解人会分成哪几类，各有什么样的特点，和他们打交道需要注意什么。这些都是最为基础的人际理解。

第二点，学会沟通与表达。

沟通与表达，主要分为听、说、写，就是不仅要听懂别人的意思，还要把自己的观点表达清楚。很多人因为不擅长沟通，导致在职业晋升中特别吃亏。不过这些能力都是可以通过训练快速提升的。

（3）团队领导及管理能力

团队领导及管理能力主要分为领导能力和管理能力两个部分。

第一点，领导能力。

主要包括学习能力、决策能力、组织能力、教导能力和感召能力。

学习能力是指其需要具有高速的成长能力；决策能力是指其需要具备在若干个方案中选出最优方案的能力；组织能力是指其必须具备选贤任能的能力；教导能力是指其要有带队育才的能力；感召能力是指其人心所向的能力。

第二点，管理能力。

主要包括任务管理、资源分配、绩效评估和协作执行。

任务管理是指其能够合理地制定任务目标；资源分配是指其能够将有限的资源配置到最能产生价值和效率之处的能力；绩效评估是指其能够充分合理的评估下属绩效、提高下属工作积极性的能力；协作执行是指其能带领团队一起高效完成工作职责的能力。

从整体上来说，团队领导及管理能力的目标是知人善任和整合资源，就是把合适的人放在合适的位置上，并为团队整合内外部资源，引领大家达成团队绩效目标。

对于创意文案来说，想要在职场上一路攀登，那么就需要有策略地兼顾专业能力和通用能力。

技巧 2：提高文案能力的 3 大步骤

对于创意文案来说，文案能力对其来说重要性不言而喻。那么如何提高写作能力呢？我们从写作的步骤入手，来详细阐述这个问题。写作可以分为三个步骤（如图 5-2）：输入、处理及输出。

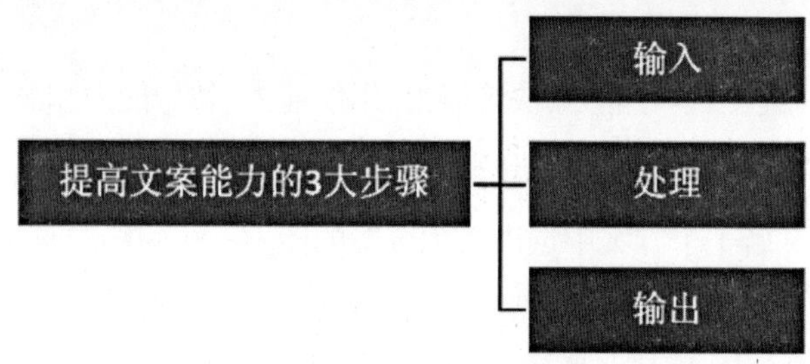

图 5-2　写作的三个步骤

1. 输入

何为输入？指的是创作者需要从日常生活、专业书籍等各种各样的渠道获取源源不断的信息。很多时候之所以写不出好内容，是因为输入不够，自然也无法输出优质的内容。

为了保证持续的输入，可以采用以下技巧：

（1）制订输入的学习计划

作家格拉德威尔在《异类》一书中提出了“一万小时定律”，意思是说想要成为某个领域的专家，需要 10000 小时持续不断的努力。为了更好地保证输入效果，制订一个完整的学习计划就显得十分有必要。

该计划可以根据创意文案的职业成长路径来设计，如创意文案—资深创意文案—创意文案主任—创意总监，由低阶向高阶，梳理相应的里程碑，以此来考察文案能力的提升程度。

（2）完善输入的学习内容

在选择学习资料时，需要兼顾两个维度：一是数量，二是质量

第一点，数量。

为什么要保证数量？因为在创作过程中会发现如果没有足够的知识水平，是无法写出像样的内容来。正如鲁迅所说的那样：不过只看一个人的著作，结果是不大好的：你就得不到多方面的优点。必须如蜜蜂一样，采过许多花，这才能酿出蜜来，倘若叮在一处，所得就非常有限，枯燥了。

如何保证数量呢？建议在制订学习计划中按照年、季、月、日，依次设定需要阅读多少创意文案相关的专业书籍、多少篇的行业分享，从而保证有足够的数量。

第二点，质量。

为什么要保证质量？在计算机术语中有一个词叫作“GIGO”，即“garbage-in， garbage-out”，意思是无用输入，无用输出，输出质量是由输入质量决定的。提高输入质量，最重要的是要对输入的内容进行筛选。因为在输入时，如果输入的质量不高，那么写作时候也就很难写出深刻的内容。例如，终日沉迷于娱乐八卦新闻的人，又怎么能写得出深刻文雅的文案呢？

2. 处理

当脑海中输入了大量的内容，就需要学会如何去处理这些材料。如何处理呢？如同有一句话所说的那样：要学着像海绵一样吸水若渴，像筛子一样披沙沥金。这里主要分为三个部分：

（1）整理

针对学习过使用过后的学习资料，有必要对其进行分门别类的整理，可以包括：

第一点，打造专属创意文案资料夹

请直接参考章节《1个工具+3个步骤打造创意文案的灵感宝库》中的方法与技巧。

第二点，建立自己独有的灵感库

灵感总是稍纵即逝，所以必须随时记录。

由于现在大家普遍随时携带手机，因此可以充分发挥手机的记录作用，考虑到后期的调用问题，建议统一整理至个人的印象笔记账号中。

（2）笔记

记笔记的方法有很多，这里主要介绍三种常见的方法：

第一种，思维导图笔记法

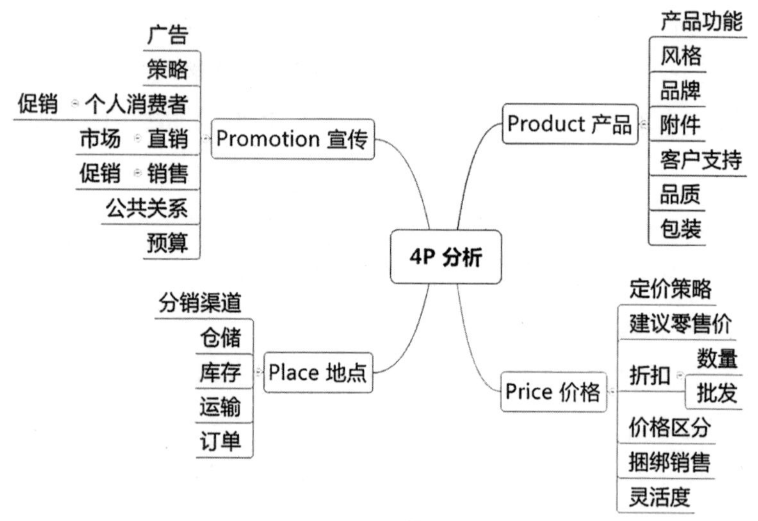

图 5-3　思维导图

思维导图（如图 5-3），又称为心智导图，是一种表达发散性思维的有效图形思维工具，通常以某一个问题或想法作为起点，以图形方式发散出去，形成树状图。

使用方法：找到关键词后以此为起点，列出下一级的细分关键词，并以此类推，直到囊括所有细分内容。

第二种，康奈尔笔记法

康奈尔笔记法由康奈尔大学教育学教授 Walter Pauk 首创，后被美国中学生和大学生广泛使用。除了能够帮助学习记录内容重点，还能够强化理解记忆以及引发学习者的思考。

使用方法如表 5-1：

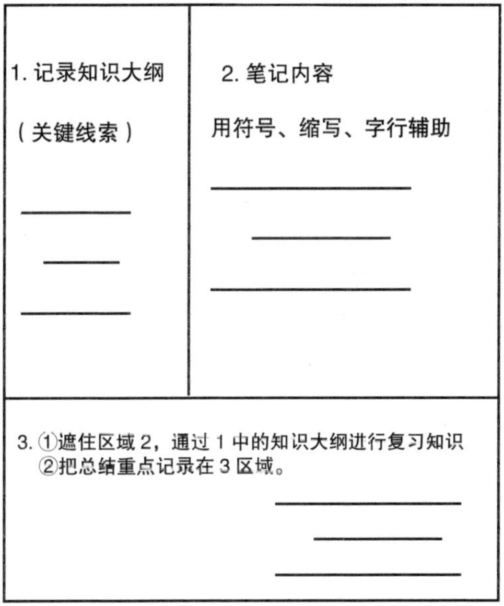

首先，在第一部分线索中记录知识大纲或关键词，在第二部分用符号、缩写等记录笔记，第三部分写自己的总结和学习心得（及时把自己的想法和收获记录下来很重要）。

复习时，把右端的列遮挡起来，仅根据左端列里的知识大纲或者关键线索来进行回忆，试着复述出全部内容。

1. 记录知识大纲 （关键线索）	2. 笔记内容 用符号、缩写、字行辅助
3. ①遮住区域 2，通过 1 中的知识大纲进行复习知识 ②把总结重点记录在 3 区域。	

表 5-1　康安尔笔记法

第三种，埃森哲公司的 Point Sheet

该笔记方法是由埃森哲公司所使用的笔记方法（见表5-2），该方法将页面划分为三个部分，即上面的“题目”、右侧的“重点”、左侧的“行动”。其根本的目的是为了将事情的关键点提取出来，再细化执行任务。因为“重点→行动”的顺序可以按照由左到右的顺序自然得到书写整理，所以，“为何要采取这样的行动”，任何人看了都能一目了然，马上就能采取相应的行动。

题目：标明项目题目，方便在他人查阅或自己检阅的时候一目了然	
point	action
重点： 目的是提取关键点，确定工作重点，便于项目化整为零及团队分工	行动： 记录整理基于重点应采取的行动，即“谁、在什么时间之前、需要做完什么事”，将行动明确并落实负责人，高效运作

表5-2　Point Sheet 笔记法

使用方法：上面列明该笔记的主题内容，左边书写应该采取的重点行动，右边书写行动的细节安排。

（3）思考

文章想要写得好，就要思考得有深度。思考得越有深度，内容也就才能写得有力度。如何提升自己的思考能力以及思考的深度，这里主要推荐黄金圈法则。

黄金圈法则是西蒙·斯涅克在《从为什么开始》中提出的一种思维方法。他用三个同心圆来描述人的思维模式（如图5-4），黄金圈从外到内依次是：做什么（what）、怎么做（how）以及为什么（why）。

第一个层面是 what 层面，也就是事物的表象，我们具体做的每一件事。

第二个层面是 how 层面，也就是我们如何实现我们想要做的事情。

第三个层面是 why 层面，也就是我们为什么做这样的事情。

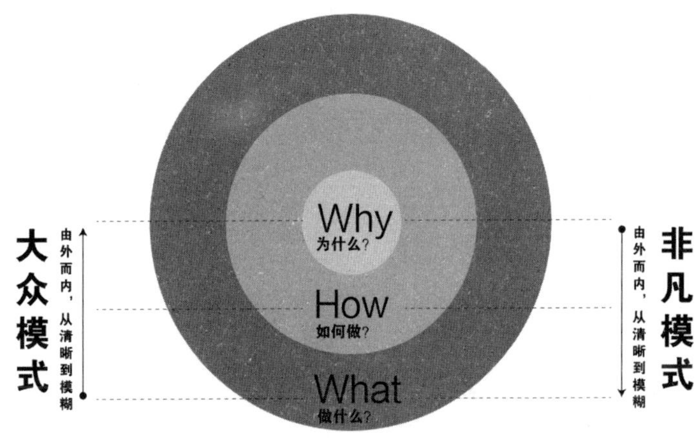

图 5–4　黄金圈法则

大多数人思考问题时仅仅只会从 what 出发，甚至不能深入到第二层，导致看问题流于表面，而如果真的想要深度思考，则需要出“why”出发，只有弄清出为什么，才能知道怎么做，做什么。写作也是一样，只有搞清楚了为什么而写，才能想清楚怎么写，写什么内容。

3. 输出

很多人的文案水平一直都无法提高，关键原因就是在输出这一点上的练习得太少了。作为一项技能，写作能力必定是需要经过刻意的练习，才能熟能生巧妙笔生花。如何更好地练习，这里需要注意这几点：

（1）设定输出目标，有针对性的成长

考虑到精力安排的问题，因此可以一个阶段设置一个输入目标即可，例如这个月专门练习如何写产品销售页，那么就集中研究相关技巧，这样就能快速地得到真正的提高。

（2）长期做输出的练习

荀子说："不积跬步，无以至千里；不积小流，无以成江海。"因为写作技巧千千万万，不动手实践永远都是空，除了要阶段性的针对性的练习，还需要坚持不懈的练习。日积月累才能够通过量变发生质变。

（3）建立写作流程

在第二章的《军规 1：运筹帷幄，掌控项目全程运作》一节中，我们提到了创作阶段的三步骤：why（为什么要写这个创意文案），how（如何写这个创意文案），what（创意文案内容写什么）。因此，我们需要熟练掌握这三个步骤，使得写作更加高效和流畅。

（4）建立输出反馈

输出反馈主要包括两个方面，一方面是反馈数据，训练者可以将练习内容发布在网络上，通过点击量、阅读量、转发量的数据来审视进步程度。另一方面是来自周围人的反馈，特别是有优秀老师或者同事的情况下，来自大牛的点评会让自己成长得更快。

总而言之，想要提高文案能力，就必须坚持输入、处理、输入三位一体的努力。原因在于，没有输入，就会脑袋空空，进入巧妇难为无米之炊的困境；缺乏处理，写出的内容未经提炼没有深度；缺少输出，输入再多也是低效努力，事后就忘记了。

因此，需要将输入、处理、输出，作为每天的必修功课来对待。

技巧 3：提升创意能力的 4 个维度

在前面的章节我们已经很明确地了解到，创意并非天马行空，而是有迹可循。同样，创意能力也可以通过练习提升，具体可以从四个维度入手（如图 5-5）：敏锐的感受力、深刻的洞察力、灵活

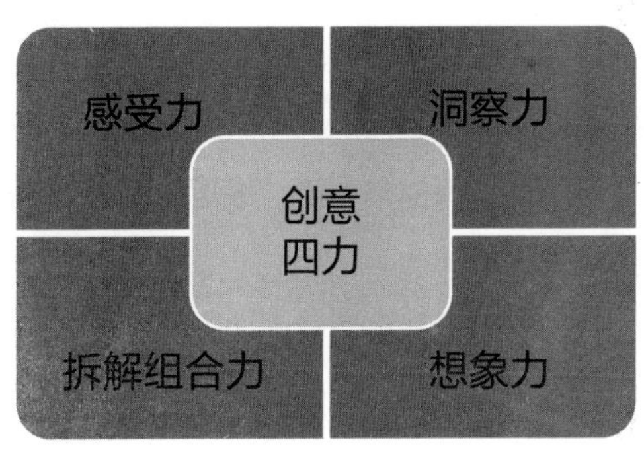

图 5-5　提升创意能力的 4 大维度

的拆解组合力以及丰富的想象力。

1. 敏锐的感受力

正如创意界的经典名言：创意是旧元素的新组合。在对旧元素进行新组合之前，那么意味着我们需要先收集大量的素材，形成创意的档案库。这些素材除了来自于专业领域的各类资讯和资料外，还可以来自于我们每天的日常生活。

如何更好地提高感受力呢？主要是培养自己的五感能力，即视

觉、听觉、嗅觉、味觉和触觉，特别是视觉，大多数情况下我们都是通过视觉来获取新素材，不管是文字、视频、风景和人物等。

2. 深刻的洞察力

所谓的洞察力就是直达本质的能力。洞察力最直白地说，就是有先见之明，能察觉别人所不觉，眼光独到，却又预料正确。对于创意文案来说， 对于创意问文案来说，拥有极强的洞察力，是日常工作少走弯路、做出正确选择的重要保证。那么，如何提高洞察力呢?

（1）好奇心

好奇心，作为人类认知世界的主要驱动。如果没有了好奇心，则容易对日常生活中的一起都熟视无睹，自然又怎么可能洞察到新鲜事物呢？并且不断去探究其本质、原理呢？为了保持更充沛的好奇心，可以遵循如下 tips:

第一点，打消你想要把事物贴上“无聊”标签的念头。

第二点，转变思维，以有趣的心态来发现世界的独特之处。

第三点,接触到新事物时,要不断地问自己你真的搞清楚了吗?

第四点，多读书多出门，和不同的人来往，拓宽自己的视野。

（2）深入了解

前面的好奇心主要是获取知识的广度，因此还必须深入了解，仔细钻研，才能够发现不一样的东西。正如同寻宝一样，必定需要穷尽山河，越是人迹罕至的地方，才可能发现宝物。因此，这也就是为什么很多创新都是由专业人士挖掘出来的。

（3）联想

所谓的联想就是指由于某人或某种事物而想起其他相关的人或

事物；由某一概念而引起其他相关的概念。把不同的知识、见解和理论融合起来，才更有机会发现他们之间的关系与区别，进而得到新的知识、见解和理论。

如何拥有丰富的联想能力呢？这里主要推荐三种联系方法：

第一种，联想开花训练。

所谓的“联想开花”也就是以自己熟悉的某事物或者词组中的“中心主题”展开联想，所发散的主题内容不受任何限制，就像一朵绽开的花，花瓣像四周展开（如图 5-6）。这个其实就是思维导

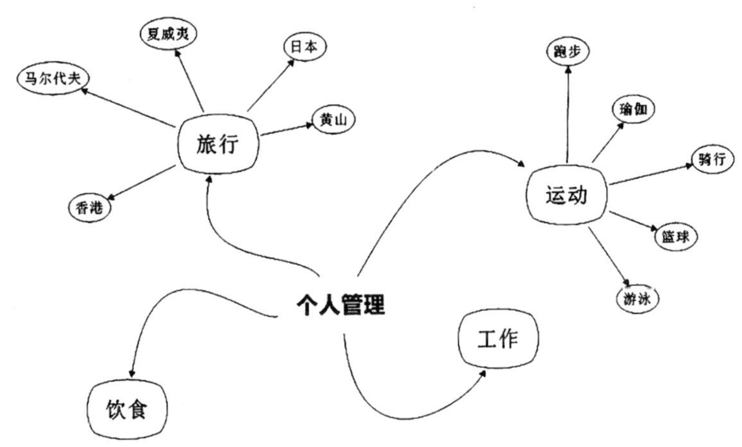

图 5-6 联想开花训练

图的训练方法。

第二种，联想接龙训练。

联想接龙就是指首先选定好某个事物或者词或者词组作为中心组体，然后由中心主题激发一个联想，再将激发出的联想作为中

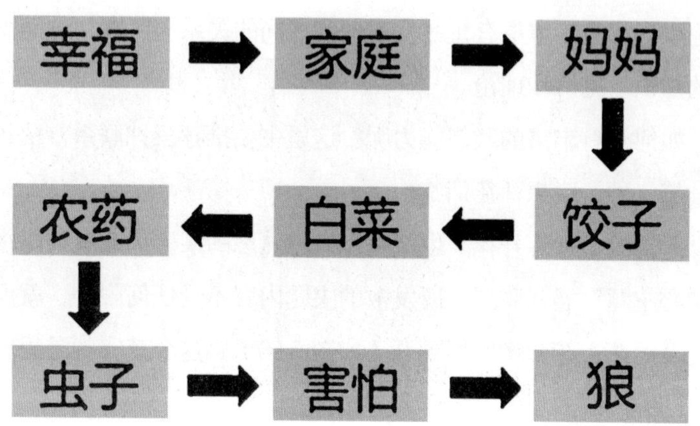

图 5-7　联想接龙训练

心主题，用来激发下一个联想，从而像条长龙一样无限制地往下延伸（如图 5-7）。

第三种，曼陀罗训练法。曼陀罗训练法也称为九宫格训练法，原本起源于佛教，但经过不断改进后，成为现代绝佳的思维训练工具，广泛运用于学习与工作中。曼陀罗训练法的最终目的是将“知识”转变为实践的“智慧”。该方法在本书前面的章节已经有所涉及，这里不展开详细阐述。

3. 灵活的拆解组合能力

拆解组合能力，主要分为拆解能力和组合能力。

（1）拆解能力

拆解能力是指将复杂的事物拆解成更小的更简单的关键要素。如何提高拆解能力，最为简单的方式就是多多使用思维导图。

（2）组合能力

组合能力是指不同的要素两两组合或者三三组合从而产生新事物的能力。如何提高组合能力，这里推荐坐标系组合法。该方法在第二章已经提到过，这里不再赘述。

例如清华大学录取通知书（如图 5-8）。该通知书就是将普通的通知书与清华门的 3D 模型结合在一起，让大学新生在拿到录取通知书时，清华门也向其打开，示意着新生们打开了通向清华的大门。

图 5-8

4. 丰富的想象力

想象力是指我们在脑海中形成“图像、画面”的一种能力。爱因斯坦曾说：想象力比知识更重要，因为知识是有限的，而想象力概括着世界的一切，推动着进步，并且是知识进化的源泉。那么如何提高想象力？

对于创意文案来说，建议每天抽一定的时间来做想象力的思维训练。主要可以包括三种：

第一种，场景想象。

想象自己身处某个场景下，调动全身的感觉，去体验在该场景下的所见所闻。

第二种，事件想象。

回想某件往事，仔细地回想每一个细节，回味当时的感受。

第三种，概念想象。

读完某本书、看完某部电影或者是听完某首音乐后，在脑海中想象该内容所传达的画面，或者是带入作者的角度，去想象他的感受。

全方位锻炼上面四种能力，将会帮助创意文案更好地提升创意能力。

技巧 4：打造策划能力的 3 大步骤

策划能力是一项综合能力。对于创意文案来说，通常可以选择以下方式来提高自己。主要分为三步走：

1. 借鉴经验

牛顿曾说过：“如果我看得比别人更远些，那是因为我站在巨人的肩膀上。”对于创意文案来说也是如此，想要提高策划能力就必须充分借鉴前人的经验。主要包括：

（1）广告效果类

广告效果类分为广告策划和产品策划。

广告策划就是对于提出广告决策、实施广告决策、检验广告决策全过程作预先的考虑与设想，是对广告的整体战略与策略的运筹规划。广告策划不是具体的广告业务，而是广告决策的形成过程。例如，明确在不同的场景如何推广不同的广告语、广告宣传片及广告海报等。

产品策划，产品策划主要是指如何更好地把产品卖掉，并在销售过程中，塑造良好的品牌形象。例如，完善产品卖点的包装，区隔产品定价层次、营造产品畅销的态势等。

（2）品牌公关类

主要包括品牌策划和公关策划。

品牌策划就是企业发现用户价值、传播价值，夯实用户认知的过程，即对消费者的心理市场进行规划、引导和激发，并通过科学手段把人们对品牌的模糊认识清晰化的过程。

对于创意文案来说，主要是结合品牌定位对品牌进行包装，从而提升品牌的知名度。

公关策划是指公共关系人员根据组织形象的现状和目标要求，分析现有条件，策划并设计公关战略、专题活动和具体公关活动最佳行动方案的过程。

例如，根据当前的企业所处发展阶段开展公关活动，如开发布会、发新闻稿等。

2. 实践运用

正所谓学以致用，为了真正的检验前人经验是否可行，创意文案可以利用日常的工作开展大量的实践，从而获得符合适用于自己的心得体会。

3. 复盘回顾

复盘，原是一个围棋术语，指的是在对局完毕后，复演该局棋的记录，以此回顾在对局中招法的优劣与得失关键，从而提高自己的下棋水平。

最早将复盘运用在管理领域的是联想的创始人柳传志，他认为一件事情做完后无论成功与否，坐下来把当时预先的想法、中间出现的问题、为什么没达成目标等因素整理一遍，在下次做同样的事时，自然就能吸取上次的经验教训。

复盘是最有效的自我学习方式。拉卡拉的创始人孙陶然说：如果我有所成就的话，一半源于天资，一半即源于复盘。由于策划工作的复杂性，想要掌握其原理和规律，没有对项目经验和教训的不断复盘，就无法真正提炼出方法论。因此作为一个创意文案，想要提高策划能力就必须借助复盘这个工具。

（1）哪些事情需要复盘？

复盘主要分为小复盘、中复盘和大复盘。

第一，小复盘是指每完成一项创意文案的工作如写一个广告语，都快速的回顾一下工作的经过以及有哪些地方做得不好、应该如何改进？如果下次遇到同样的问题，怎么处理可以做得更好？通过这样随时随地的复盘，从每次细微处开始进步。

第二，中复盘是指每个策划项目完成后，或者是每个月每个季度，审视一下自己在工作上是否达成了目标，与目标相差多远；回顾一下过程，可以分为哪些阶段，每个阶段都发生了什么？分析下项目得失，那些方面做得好，那些方面做得不好；从而总结出规律，面对相似的项目时，自己应该如何做才能获得更好的效果？通常来说，中复盘比较适合长期性的、跨月份的项目例如品牌推广、促销活动。

第三，大复盘是指每年或者职业阶段如初级创意文案、中级创意文案和高级创意文案，通过对过去个人成长的过程回顾，分析得失并且总结规律，就能够不断提升自己的策划能力及执行能力，进而保证自己的职业发展没有偏航。

（2）如何复盘？

复盘主要分为四个步骤：回顾目标、过程再现、分析原因、规律总结（如图 5-9）。

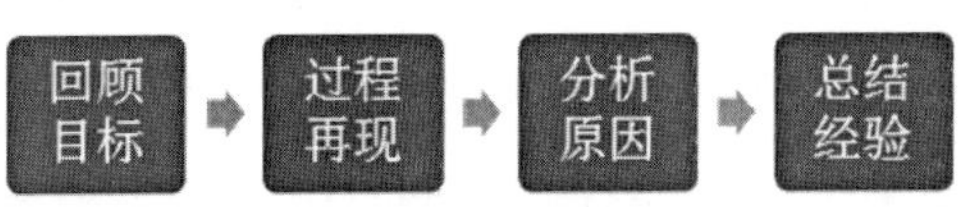

图 5-9　复盘的步骤

第一，回顾目标：这个工作起初设定的目标是什么？对照现在的结果，是否完成了目标？如果没有完成，那么差距在哪里？

第二，过程再现：从项目的启动开始全盘回顾整个过程，包括几个阶段，每个阶段都发生了什么，自己是如何操作的？为什么做出那些决定？

第三，分析原因：刨根问底，分析是什么导致了目标和结果之间的差距，思考自己作为创意文案在这个项目中，那些地方做得好？那些地方做得不好？背后的原因是什么？

第四，规律总结：总结规律，需要明确所得出的结论是否是具体的、可复制、可执行，所找出的关键点是否真的起作用？另外，为了更好提高策划水平，在制定后续的工作计划中，怎样调整工作步骤和资源分配。

通过以上 3 个步骤，将会帮助创意文案进一步提升策划能力。

技巧 5：修炼数据分析能力的 3 大关键点

什么是数据分析？是指基于一定目的有意识的收集、整理、加工和分析数据，从而得出有价值的结论。

为什么创意文案也需要学习数据分析？麦肯锡公司称：“数据，

已经渗透到了当今每一个行业和业务职能领域，成为重要的生产因素。”例如，撰写微信推文是创意文案的常见工作内容，可是撰写内容完毕并非工作的结束，因为通过推文的相关数据才能更清楚的了解用户需求，方便在下一次的创作过程中优化内容，打造 10 万 + 的爆款文章。

如何提高数据分析能力？

1. 掌握所涉及的业务逻辑

什么叫作业务逻辑呢？我们以某数据分析的学习平台 A 为例子，A 平台想要盈利就必须卖出更多的数据分析课程，那意味着必须找到有潜在需求的学习者，但是即便是找到了学习者也还不见得能够把课程卖出去，因为必须这些数据分析课程符合他们的学习需求。同样是数据分析类的课程，对于创意文案来说，掌握 excel 这门工具可能就足够，但是对于专攻大数据分析的程序员来说，还需要学会 Hadoop 体系、Scala、kafka、Spark 等更艰深的内容。因此整个业务逻辑如下：

找到目标学习者→分析其学习需求→制作符合需求的数据课程→推送到能接触到学习者的各类平台及渠道→学习者跳转至学习平台完成下单购买

假设 A 平台的创意文案此时想要通过在多个粉丝数量相近的微信大号同一时间上投放软文《数据分析能力有多重要？ BAT 等大公司都在高薪聘用，真的“前”途无限》，并且在文章内植入可跳转至 A 平台课程的购买二维码。

当软文推送完成后，通过分析曝光量、阅读量、在读量、评论量、转发量与下单人数之间的关系，就能看出哪一个微信大号最适合长期投放该软文。因为微信大号与目标学习者的匹配度越高，该文章的下单人数也就会越高。

从多个粉丝数量相近的微信大号中选出阅读量最高的账号后，再拟定 1 个新标题，随后投放在该账号，与原有的软文《数据分析能力有多重要？ BAT 等大公司都在高薪聘用，真的“前”途无限》进行分析对比阅读量、在读量、评论量、转发量及下单人数，就又能看出哪一个标题最吸引目标学习者的目光。

以上的数据分析均需要在通晓业务逻辑的情况进行展开，为什么这样说呢？因为投放软文的关键目标是为了能够完成转化。举例，同样是 10 万 + 的微信文章，一篇是针对有婚恋需求的用户，一篇是针对想要学习数据分析能力的用户，将课程信息植入到后者远比前者能转化更多的下单人数。

那么，对于创意文案来说，撰写内容时就需要围绕目标消费者的需求进行展开，这样才能够成功说服他们认可数据分析的能力更加重要，现在购买该课程就是最明智的选择。

2. 掌握分析数据框架

当有了一定的数据之后，就要开始分析数据，对于创意文案来说，主要会用到以下三种数据分析框架：

（1）AARRR（增长黑客的海盗法则）

这是精益创业的重要框架，从获取（Acquisition）、激活（Activition）、留存（Retention）、变现（Revenue）和推荐（Referral）5 个环节增长。

该框架最常适用于落地页文案、电商销售文案的分析。

（2）5W2H 分析法

何因（Why）、何事（What）、何人（Who）、何时（When）、何地（Where）、如何就（How）、何价（How much）。

该框架最常适用于自媒体等平台的推送情况分析。

（3）用户行为理论

主要包括访问量、跳出率、页面深度等指标。该框架最常适用于百度信息流的数据分析。

3. 掌握数据来源

在开始分析数据之前，就必须有数据可供分析，那么数据可以从哪里获取呢?

对于创意文案来说，数据的来源主要分为两种：

第一种，自有数据分析系统

这是最可靠和最全面的数据来源，通常来说，有条件的情况下以内部数据为准。

第二种，第三方数据分析系统

主要包括微信公众号等自媒体后台、友盟等 App 应用数据统计分析平台、百度统计等网页数据统计后台、百度指数等舆情平台、腾讯智汇推等信息流等投放平台。

获取数据的方式多种多样，最关键的还是通过分析数据，创意文案要了解到底是什么因素影响着内容的投放效果、推广效果和转化效果。

通常来说，掌握了以上 3 个关键点，辅助以学习基本的数据分析工具如 excel 就能从数据中得出相应的结论。

技巧 6：1 个工具 +3 个步骤打造创意文案的灵感宝库

正如前面所说，创意文案并非是一件天马行空毫无章法的事情，其中暗含着的各类规律、技巧需要从业者自己不断去思考、领悟并且内化成自身的能力。因此，打造灵感宝库就是其中不可或缺的一个步骤。

那么，如何进行具体的操作呢？这里推荐的方法是 1 个工具 +3 个步骤。

1. 1 个工具：印象笔记 / 有道云笔记等软件

在选择工具时，我们对该工具有这些期待：有足够的容量，还要兼顾其使用便捷性，例如是否支持随时都能搜集资料、是否方便内部检索、是否方便随时查阅、是否支持 PC 端和移动端同步、数据资料是否容易遗失以及是否后续整理等。

那么，传统的电脑笔记本、移动硬盘、U 盘都无法完美满足我们的需求，这里推荐印象笔记、有道云笔记这类的软件。

为什么就只要这么一个工具呢？主要是为了避免混乱。

2. 3 个步骤：搜集、储存和整理

（1）搜集

搜集资料前，则需要先明确 3 个要点。

第一点，我想要搜集什么资料？

搜集资料前，需要先明确自己想要搜索的是什么？我们以创意文案为核心，进行发散思维，得到创意、文案、文案策划、用户心理、营销理论、品牌广告、品牌文案等关键字。

第二点，有哪些渠道可以获取这些资料？

常见的渠道包括搜索引擎、专业/行业网站、专业/行业的微信公众号、博客及微博等。

第三点，如何结合工具让自己的搜集过程更加事半功倍呢？

此处集中讲解下如何利用搜索指令在搜索引擎上快速获取资料：

filetype 命令

用于搜索指定格式的文件，如：filetype 创意文案 pdf，搜索网上所有包含“创意文案”，这个关键词的 pdf 电子书文档

（–）减号 命令

用户排除不想要的结果。我们可以把不想要显示的搜索结果放在减号后面。这里要注意的是：减号（–）前面必须是空格，而减号（–）后面没有空格，放的是需要排除的关键词如：创意文案 -案例，即查找包含“创意文案”这个关键词，但是不包含“案例”这个关键词的结果

intitle 命令

用于查找标题中含有某个关键词的文章或网页，如 intitle：创意文案技巧

查找标题中含有关键词：“创意文案技巧” 的文章或网页

inurl 命令

用于查询出现的 url 中的关键词，搜索出现的结果是包含在 url 中的，例如：inurl：创意文案，即可搜索带有“创意文案”的 URL。

("")双引号命令

用于精确查找内容。这里要注意的是，双引号一定要是半角模式的。简单说是英文状态下的双引号，而不是中文状态下的双引号。例如："创意文案"

未添加双引号时，搜索结果容易出现把"创意""文案"两个字分开或者是顺序调换了的网页，像是："怎样写出有创意的文案……""史上最具创意的文案案例合集……"等等这样不是很精确匹配我们实际想要的结果。加上引号以后，"创意文案"，就会只查找跟引号里面关键词一模一样的内容，不要有拆分，不要有调换顺序。

(2)储存

前面我们已经提到了印象笔记这个工具，那么储存这个过程，我们应该如何充分发挥印象笔记的作用呢?

第一种，微信。

关注"我的印象笔记"公众号并绑定账号，将文章转发到"我的印象笔记"，即可保存到印象笔记中。

另外，微信聊天记录也可以保存到印象笔记中，长按消息，选"更多"，之后勾选所有你要保存的消息，再点右下角的三个小圆点，选大象图标，就会永久保存，再也不同担心微信清理缓存了。

第二种，微博。

关注"我的印象笔记"微博，在微博评论区@我的印象笔记，即可保存到印象笔记中。

第三种，网页。

在浏览器上安装印象笔记剪藏插件，点击“大象”图标并选择剪藏内容后，即可保存到印象笔记中，同时还可在笔记上进行标注。

第四种，邮件。

在印象笔记的设置——账户一览最下面，找到自己的印象笔记邮箱：xxx@m.yinxiang.com，将邮件发送到此账户即可保存到印象笔记中。

第五种，知乎。

把知乎和“我的印象笔记” 绑定，看到好文章即可保存到我的印象笔记。

第六种，手机录音。

平时肯定会遇到需要用手机录音的地方，打开印象笔记可以边录音，边在里面用文字的形式整理重点。

第七种，PDF 文件。

如果是在线的 PDF 文件，是可以直接通过网页剪辑直接储存到个人的印象笔记中的。

第八种，思维导图。

如果是初次使用会要求 Xmind 登录印象笔记账号，如果没有账号没有账号，可以先注册一个。然后勾选需要保存笔记的内容形式，可以复选，然后选择目标笔记本。等待保存进度完成即可。

（3）整理

第一步，设置内容框架。

要在建立之前，就先想清楚总体的框架，然后再进行细分，从而避免后面的文件夹下面的层级太多，导致查找不方便，反而更麻烦。

例如，我们以文案为例：

可以分别设置四个子笔记组：按行业分类；按照表现类型分类；按照表现手法分类；按照品牌分类。

●当创意文案按照行业分类时，可将其分为 3C、地产、珠宝、汽车、茶酒、运动、快消、金融、奢侈品、工业、第三产业等等。

●当创意文案按照表现类型分类时，可将其分为广告语、折页、H5、电视文案、广播文案、企业宣传片文案等。

●当创意文案按照表现手法分类时，可将其分为比喻、比拟、拟人、借代、夸张、对偶、排比、反复等。

●当创意文案按照品牌分类时，可将其分为可口可乐、百事可乐、麦当劳、肯德基、特斯拉电动车、大众、丰田等等。通过长期的搜集，则可以帮助我们更好地理解知名品牌在做创意文案时是如何寻找切入点的。

第二步，建立目录并规范化命名

建议将印象笔记的目录结果分为两级：笔记本组→笔记本→单条笔记，在建立清晰目录的同时，规范化命名，让这个目录便于我们查看和检索，如：按字母 + 序号的方式进行命名，字母和序号的大小即代表笔记的优先级。

举个例子：我按照自己的主题优先级，分别将笔记本组名称加上从 A → Z 的字母前缀进行排序；而对于笔记本，则按使用的频率用数字进行排序。

第三步，巧妙使用标签功能

比如，当你看到了一篇很好的文章，如果它的内容同时包含你关注的两个主题，那么应该放在哪个笔记本呢？

这时候标签就派上用场了，你大可以只把它放到一个笔记本里，然后打上多个相关的标签，这样单独搜标签的时候也能查找到它。

正如上面我们对创意文案进行分类时，如果想一篇文章同时放在好几个笔记本里，就可以直接对文章打上标签。

第四步，对已有的内容进行归档。

明确了框架后，就可以将对应的内容填充到各个笔记本。由于同一个内容可能存在同时适合归入到不同笔记本的情况，我们可以充分使用印象笔记的搜索功能，查看是否有遗漏的情况。

在已经保存在印象笔记中的内容，依次归入到不同的笔记组中外，存储在其他平台的内容都可以导入进印象笔记，这样方便对所有内容的管理。

第五步，后续维持。

在整体的框架初具轮廓后，我们还会有源源不断的内容保存进入印象笔记，考虑到每次保存时，不见得有时间归入到对应的笔记本下，因此，我们需要每个月都安排出一定的时间，对印象笔记新增内容进行维护和归档，从而保持里面内容的条理性。

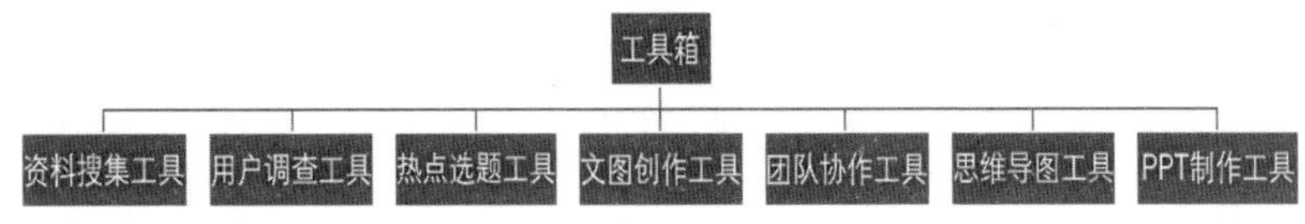

图 5-10　7 类重要工具

技巧 7：创意文案不得不知的 36 个工作利器

不管是在甲方还是乙方，创意文案的工作都偏向烦琐，为了提高工作效率，借助一系列工具就显得必不可少了。这里参考日常的工作流程，推荐以下七类工具（如图 5-10）：

1. 资料搜集工具

撰写创意文案时，需要借助很多参考资料。推荐以下工具：

（1）百度搜索

全球最大的中文搜索引擎、致力于让网民更便捷地获取信息，找到所求。百度超过千亿的中文网页数据库，可以瞬间找到相关的搜索结果。

网址：www.baidu.com

（2）360 搜索

360 旗下搜索引擎服务，包含网页、新闻、影视等搜索产品，为您带来更安全、干净的搜索体验。

网址：https://www.so.com

（3）搜狗搜索

全球第三代互动式搜索引擎，支持微信公众号和文章搜索、知乎搜索、英文搜索及翻译等，通过自主研发的人工智能算法为用户提供专业、精准、便捷的搜索服务。

网址：https://www.sogou.com/

（4）知乎

大型的中文网络问答社区，连接各行各业的用户。用户分享着彼此的知识、经验和见解，为中文互联网源源不断地提供多种多样的信息。

网址：www.zhihu.com

（5）微信公众号

正所谓“再小的个体，也有自己的品牌”，绝大多数的企业都开设有自己的官方公众号，上面普遍会留存大量的品牌和产品信息。

获取方式：微信号中搜索品牌名或企业名

（6）微博

一种基于用户关系信息分享、传播以及获取的通过关注机制分享简短实时信息的广播式的社交媒体、网络平台，用户可以通过PC、手机等多种移动终端接入，以文字、图片、视频等多媒体形式，实现信息的即时分享、传播互动。

微博上除了有企业发布的官方消息，也会沉淀大量用户反馈信息，这些都会有助于创意文案的资料搜集。

获取方式：登录www.weibo.com，搜索企业名、品牌名等关键字

（7）企业官网

直接登录企业官网，进行浏览即可。

2. 用户调查工具

为了使得内容能够更好贴近受众的需求，进行充分的用户调查也就非常有必要了。主要推荐以下工具：

（1）腾讯问卷

由腾讯公司推出的完全免费专业的在线问卷调查平台。提供多种方式创建问卷，简单高效的编辑方式，强大的逻辑设置功能，专业的数据统计和样本甄别，让您轻松开启调研工作。

网址：https://wj.qq.com/

（2）金数据

一款免费的表单设计和数据收集工具，可用来设计表单，制作在线问卷调查，组织聚会，询问意见，整理团队数据资料，获得产品反馈等。

网址：www. jinshuju.net

（3）问卷星

一个专业的在线问卷调查、测评、投票平台，专注于为用户提供功能强大、人性化的在线设计问卷、采集数据、自定义报表、调查结果分析系列服务。

网址：www.wjx.cn/

（4）百度关键词规划师

百度关键词规划师是目前最好用、数据最准确的关键词分析工具，只要注册百度推广账号即可免费使用。

网 址：https://cas.baidu.com/?tpl=www2&fromu=http%3A%2F%2Fwww2.baidu.com%2Fcommon%2FAppinit.ajax

（5）爱站网

爱站网站长工具提供网站收录查询和站长查询以及百度权重值查询等多个站长工具，免费查询各种工具，包括有关键词排名查询，百度收录查询等。

网址：https://www.wjx.cn/

（6）5118 大数据

5118 通过对 SEO 各类大数据挖掘，提供关键词挖掘，行业词库，站群权重监控，关键词排名监控，指数词，流量词挖掘工具等 SEO 工作人员必备百度站长工具平台。

网址：https://www.5118.com/

（7）八爪鱼采集器

一款使用简单、功能强大的网络爬虫工具，完全可视化操作，无须编写代码，内置海量模板，支持任意网络数据抓取。

（8）火车头采集器

一款网页抓取工具，是用于网站信息采集，网站信息抓取，包括图片、文字等信息采集处理发布，是目前使用人数最多的互联网数据采集软件。相对八爪鱼采集器学习难度更大。

网址：http://www.locoy.com/

（9）淘宝生意参谋

一款专业的数据分析产品，生意参谋的内容很丰富，它包括对客户行为、市场动态等等数据的分析与统计。

3. 热点选题工具

在撰写各类品牌热点创意文案时，如何更好地选择热点不错过风口？这里推荐：

（1）百度指数

百度指数是以百度海量网民行为数据为基础的数据分享平台。在这里，你可以研究关键词搜索趋势、洞察网民兴趣和需求、监测舆情动向、定位受众特征。

网址：index.baidu.com/v2/index.html#/

（2）百度风云榜

以数亿网民的单日搜索行为作为数据基础，以关键词为统计对象建立权威全面的各类关键词排行榜。

网址：top.baidu.com

（3）微博热门话题

类似于百度风云榜，实时呈现微博用户在讨论的话题。

网址：d.weibo.com/231650

（4）知微数据

由知微大数据公司设计开发的微博传播分析平台，提供可视化的微博传播路径图，传播关键人物分析，转发粉丝属性分析、传播层级比例分析、传播情感分析、传播水军参与情况分析。

网址：www.weiboreach.com

（5）知乎热榜

上线于 2017 年底，知乎站内 24 小时热度最高问题合集，具体包括社会热点、舆论焦点、生活痛点、行业知识、校园职场、科学、数码、影视等内容，并按照内容在站内的讨论热度确定榜单顺序。

查看方式：登录个人知乎账号，首页选择榜单。

其实还有其他热门选题工具，请参考本书《品牌创意文案的 6 大秘籍》一章中的《秘籍 4：3 个工具 +1 个技巧，追热点的正确姿势》。

4. 图文设计工具

创客贴

一款多平台（Web、Mobile、Mac 、Windows）极简图形编辑和平面设计工具，包括创客贴网页版、iPhone、iPad、桌面版等。从功能使用上分，创客贴有个人版和团队协作版，提供图片素材和设计模板，通过简单的拖拉拽操作就可以设计出海报、PPT、名片、邀请函等各类设计图。

网址：www.chuangkit.com/

5. 团队协作工具

（1）石墨文档

一款轻便、简洁的在线协作文档工具，PC 端和移动端全覆盖，支持多人同时对文档编辑和评论，让你与他人轻松完成协作撰稿、方案讨论、会议记录和资料共享等工作。

网址：shimo.im/welcome

（2）腾讯文档

一款支持随时随地创建、编辑的多人协作式在线文档工具，拥有一键翻译、实时股票函数和浏览权限安全可控等功能，以及打通QQ、微信等多个平台编辑和分享的能力。

网址：docs.qq.com/desktop

（3）Teambition

一个简单、高效的项目协作工具，通过帮助团队轻松共享和讨论工作中的任务、文件、分享、日程等内容，可以在网页、桌面、移动环境随时使用。

网址：www.teambition.com/

6. 思维导图工具

在前面的章节提到了运用思维导图来整理笔记，这里推荐：

（1）XMind

一款非常实用的思维导图软件，简单、易用、高效，风靡全球的思维导图和头脑风暴软件。

网址：www.xmind.cn/

（2）百度脑图

百度旗下的产品，一款免安装的在线思维导图工具，支持在线编辑、自动实时保存，操作简单又极其直观的百度脑图将一些复杂的东西表现出来，让读者易于理解和梳理。

网址：naotu.baidu.com/

（3）幕布

一款结合了大纲笔记和思维导图的头脑管理工具，帮你用更高效的方式和更清晰的结构来记录笔记、管理任务、制订计划甚至是组织头脑风暴。

网址：www.mubu.com

7. PPT 制作工具

在创意文案日常的工作中，总是少不了使用 PPT，想要 PPT 设计得又快又好看，这里推荐：

（1）iSlide 插件

一款强大易用的 PPT 一键化效率插件，丰富的数据表现，简单调节，即可改变传统图表的平庸，一键获取 PPT 资源，100，000+ 图标资源，4000+ 图示素材。即使你不懂设计，也能够创建出专业水准的 PPT 文档，并且效率惊人。

下载地址：https://www.islide.cc/

（2）美化大师插件

功能和 islide 插件相似，提供专业模板、精美图示、创意画册、实用形状等，细致分类，持续更新，无论是何种美化需求，PPT 美化大师都可以满足您。可以完美嵌套在 Office 中，操作简单，运行快速。

下载地址：meihua.docer.com/

（3）求字体网

免费提供上传图片找字体、字体实时预览及字体下载服务，本网站可识别中文、英文、日韩、书法等多种类字体。只要上传图片或输入字体名称，就可以帮您找字体。

网址：www.qiuziti.com/

（4）字由

为设计师量身定做的一款字体管理软件，字由收集了由用户贡献的国内外上千款精选字体。不仅展示了每款字体的应用案例、字体介绍以及字体设计的背景信息，还将字体按标签分类整理，下载用户端后可以直接调用。

网址：www.hellofont.cn/

（5）Pexels

免费素材照片，可以在任何地方使用。免费用于商业用途，无须注明归属。

网址：www.pexels.com/

（6）Pixabay

全球知名的图库网站及充满活力的创意社区，拥有上百万张免费正版高清图片素材，涵盖照片、插画、矢量图、视频等分类，你可以在任何地方使用 Pixabay 图库中的素材。

网址：pixabay.com/

（7）Iconfont

由阿里巴巴 MUX 倾力打造的矢量图标管理、交流平台，是功能强大且图标内容很丰富的矢量图标库，提供矢量图标下载、在线存储、格式转换等功能。

地址：www.iconfont.cn/

（8）Easyicon

提供超过六十万个 SVG、PNG、ICO、ICNS 图标的免费搜索和图标下载服务。

网址：www.easyicon.net/

06 创意文案职场成长指南

推动你的事业，不要让你的事业来推动你。

——富兰克林

指南1：职业规划，通往成功的必经之路

每个职场人都渴望成长，期待更高的职位、更多的薪水。那么作为创意文案，又应该如何进行职业规划呢？

1. 明确职业规划的意义

职业规划是一个对于职业生涯乃至人生进行持续的系统的计划过程。

为什么要做职业规划？因为职业规划的目标并非只是让我们有一份工作赚一份工资，更多情况下是通过职业让我们获得更高的人生价值，以及更长远的发展。

2. 全面了解自己

（1）从哪些方面了解自己？

主要包括：

第一，我更喜欢什么？

第二，我是什么性格特质？

第三，我更擅长的是什么？

第四，我有什么特别的职场资源？

第五，什么样的事情才会令我产生内在驱动力？

第六，我的优势特质最为匹配的职业是什么？

其中最为重要的是了解自己擅长之处和优势所在？因为从竞争策略的角度来看，是需要遵循“人无我有，人有我优”的原则。

（2）如何了解自己？

推荐以下几个测试：

第一，MBTI 职业性格测试；

第二，霍兰德职业兴趣量表；

第三，盖洛普优势；

第四，DISC 性格测试；

第五，九型人格测试。

另外也可以向周围的亲友寻求意见，多角度了解自己。

3. 匹配行业，最大化自身优势

当明白了自身擅长之处和优势所在，选择行业时就更有目标性了。想要获取行业发展的情况，主要方法包括：

第一，搜索引擎上关键字搜索获取信息，如搜索“广告 行业分析”。

第二，从专业数据网站上下载行业研究报告，如艾瑞网（www.iresearch.cn）、199IT 互联网数据中心（www.199it.com/）、企鹅智酷（tech.qq.com/biznext/list.html）等。

第三，通过投融资及创业情况，了解行业发展情况，推荐网站：投资界（www.pedaily.cn/）、36 氪（https://36kr.com/）、创业邦（www.cyzone.cn）等。

4. 了解岗位

通过对行业的筛选分析后，考虑到不同行业对于创意文案的岗位要求略有差异，还是需要全面了解岗位，主要包括工作内容、岗位薪资、岗位技能、岗位重要性等。

在筛选行业和岗位的同时，需要秉承的原则是“盯需求，做稀缺”，意思是盯行业的未来需求，利用自己的优势，去到稀缺的岗位。举例，同样是做创意文案，但是在不同的企业中所发挥的作用是不一样的，例如在广告行业，创意文案是属于核心岗位，但是在电信行业创意文案则属于辅助岗位，因此，对于创意文案来说，选择去广告行业会好于去电信行业。

5. 明确职业计划

有句话说：机会永远垂青于有准备的人。卓越者之所以能和普通人拉开距离，最重要的是他们提前计划好了并能够应对各种情况。在职场上也是如此，明确职业计划总是能够成长得更快。

第一步，设定职业目标。

在开始行动之前，每个职场人都需要为自己做一份明确的计划，然后再去执行。这个计划包括了长期目标和短期目标。

例如：

长期目标：也就是我们所说的梦想。为了实现梦想，需要多少个步骤。

短期目标：即实现长期目标的步骤。

作为创意文案，长期目标可以是成为行业“大牛”，短期目标可以是 1 年内写出 5 篇 10 万 + 的微信公众号文章。

具体如何执行，可以参考 6-1：

目标	技能	资源	培训	进展
短期 对于当前岗位非常关键(1年)				
中期 对于岗位晋升很重要(2年)				
长期 对于达成职业目标很有帮助(3—5年)				

表 6-1　创业文案的目标与计划

第二步，明确职业计划。

在明确职业目标之后，就可以开始明确职业计划了。为了让该计划更好的执行到位，需要遵循 SMART 法则即明确性（S）、衡量性（M）、可达成性（A）、相关性（R）、时限性（T）。

具体操作可以参考表 6-2：

SMART	分项描述	备注
S		
M		
A		
T		
最终目标		

表 6-2　遵循 SMART 制作职业计划

想要职场道路走得更快更远，一份适合自己的职业规划必不可少，拿起笔来，参考该章节的内容梳理一下自己的情况，

指南 2：打造优质简历的 3 大关键点

简历是个人能力的说明书，如果无法在 5 秒内抓住 HR 的注意力，很有可能就会失去进入面试的机会。因此每个应聘者都需要学会如何制作一份专业的简历？

1. 什么才是专业的简历？

（1）篇幅一页

为什么要求简历的篇幅一页？因为这个长度刚好方便快速浏览并且判断候选人是否符合用人要求。内容太少就缺乏充足的判断信息，太长了则重点不够突出。

（2）无格式错误

正确使用中英文标点符号、日期格式等，避免细节上的错误。

（3）排版清爽

合理划分简历的各个板块，保证页面简洁明了。

（4）重点突出

如何做到重点突出，关键是围绕着招聘需求进行。主要包括：

第一点，简历重点篇幅应该放在工作经历，其次是教育经历、获奖纪录、工作技能。

第二点，工作经历按时间倒序进行排列，描述文字中穿插招聘需求中的关键字。

（5）文字精练

针对招聘需求,结合自身的优势进行描述即可,无废话,无虚话。

2. 如何撰写一份专业的简历?

（1）个人基本信息

个人基本信息主要包括名字，性别，照片、年龄，居住地，联系电话，邮箱。其中重点注意以下三点：

第一，联系电话

填写时最好在手机号码中间空一格，以 123 4567 8999 这样的格式，或者是数字中间增加一个横杠 123-4567-8999，以此方便别人进行阅读。如果是给外企投简历，最好在电话的开头，加上 086+123-4567-8999。

第二，邮箱

如果是投国内企业，常用邮箱都可，但是建议邮箱的名称改为自己的中文名字。如果是投外企，最好是用 gmail。

第三，照片

可以不放，如果非要放照片，专门去拍一张证件照。

（2）教育背景

主要包括毕业学校、专业、学历，填写清楚即可，如有证书也可添加进去。

由于某些岗位会要求某些专业优先，如果专业对口，则会加分不少，如果暂时不对口，自己又想要应聘该岗位，可以在简历上写上【正在备考 ××× 证书】、【正在学习 ××× 专业】，提高简历的通过率。

（3）工作经历

工作经历的撰写是简历中的重点部分，这里主要包括以下几点：

第一点，应聘不同的公司，工作经历需要进行相应的修改。举例，同样是应聘创意文案，去甲方公司，则需要多挖掘自己过去工作经历中和其业务相关的工作经历；去乙方的传媒公司，则需要更多重点突出自己的专业能力。千万不要想着一份简历打天下，进行相应的修改是有必要的。

第二点，工作经历的撰写需要遵循 STAR 法则，即：情景，目标，行动，结果。尽量用动词来表述自己的工作经历，写主要业绩时，要用数据来讲依据，客观的表现自己所取得的成就。

第三点，对原任职企业进行简单的介绍，如行业地位、经营范围，以方便 HR 快速了解原有的工作背景，特别是原任职企业为行业龙头企业时，更能增加简历的含金量。

第四点，文字简洁，最好采用书面语言。分点列明，先总结概括后具体描述。

（4）自我评价

结合招聘需求，重点呈现自己的应聘优势，用事实来证明，你就是他们想要找的人。

（5）作品集

应聘创意文案是需要递交作品集的，考虑到诸多原因，如通过邮箱发送作品压缩包，HR 可能无法打开；在招聘网站上投送时无法附件发送，因此建议应聘者可以直接将所有的作品整理汇集到石墨文档或腾讯文档之中，然后在简历中添加该文档的链接和二维码，这样就能实时更新作品集，也不会影响到招聘地方查看了。

以上 5 个部分写完后，一份简历就基本上完成了。最后建议可以对照下面的清单检查优化一下：

◆工作经验是否符合招聘要求？

◆工作成绩是否有事实做支撑？

◆个人技能是否符合招聘要求？

◆个人评价是否有事实做支撑？

◆行文内容是否正确无错漏？

3. 如何做好简历的投递细节？

（1）简历标题

如果是通过邮箱投递简历，需要将简历标题改为：【应聘的岗位 + 名字 + 一个亮点 + 个人联系方式】，如果 HR 没有立刻联系你，也方便后续的搜索。

如果是通过招聘网站投递简历，有的网站也是可以修改简历标题的，如拉勾网、前程无忧，这样当简历投递到 HR 的收件箱时也方便第一眼抓住其吸引力。

（2）投递时间

每周二、三、四是主要的投递日子，具体可以选择在每天上午 9 点半左右以及下午两点投送，这样排在邮箱前面的邮件被打开的机会就更大。

（3）邮箱投递简历

第一点，邮件主题

邮件主题应当使用【应聘的岗位 + 名字 + 一个亮点 + 个人联系方式】的格式来拟定。

另外发件人名称和邮箱地址最好填写自己的真实姓名，不要使用非主流网名，避免 HR 对你形成不好的印象。

第二点，邮件正文

邮件正文不要空白。最好可以简单阐述下自己应聘该岗位的优势，或者是将简历贴进去。

简历作为附件，应该转成 PDF 格式，避免因为 office 的版本不同，导致可能出现乱码或者打不开的情况。当然附件的命名依旧要按照【应聘的岗位 + 名字 + 一个亮点 + 个人联系方式】的格式来写。

第三点，邮件发送

在发送前，建议先发送给自己，保证邮件的内容完整及格式无误。等确定没有问题后，在发送给 HR。

参考以上方法，基本上保证能制作出一份中上水平的简历。

指南 3：准备面试的 6 大必备步骤

当简历通过筛选后，就会收到来自 HR 的面试邀请电话。要想面试成功，你必须要做 5 件事（如图 6-1）。如何才能准备面试呢？这里一共包括以下几个步骤：

图 6-1　成功面试需要做的准备

1. **搜集过往面试经验**

由于不同企业的面试方式可能存在不同，为了准备得更充分，可以先了解以下 5 个方面的面试经验：

第一，单面与群面；

第二，正常面与压力面；

第三，面试轮数与对应面试官；

第四，专业面与简历面试；

第五，常备面试问题。

如何了解到这些过往的面试经验呢？主要可以通过以下方式：

一、在网络上搜企业名、面试等关键字，特别是大型企业，一般都会有不少人将面试经验分享到网络上。二、寻找在该企业工作的朋友或者前辈进行一对一咨询。

2. **搜集企业信息**

正所谓知己知彼，百战不殆，因此提前研究企业的相关信息，才能保证面试时问答如流。

如何搜集企业信息，可以直接参考第五章《技巧 7：创意文案不得不知的 36 个工作利器》这一节中提到的资料搜集工具，包括：百度搜索、360 搜索、搜狗搜索、知乎、微信公众号、知乎、企业官网。当然除这几个工具外，还可以登录天眼查（www.tianyancha.com）这一类工商信息查询平台、行业论坛等方式搜集更多的有用信息。

3. 重新熟悉简历内容

由于在投递简历时会针对不同的企业撰写不同内容的简历，因此在去面试前有必要再次熟悉自己的简历内容。

因为面试时，主要问题都是围绕简历内容展开，特别是简历上的项目经历、工作经验、项目职责和工作成绩等内容，所以需要对内容做到足够的熟悉。

4. 提前准备面试所有的问题答案

为了更好地提前组织好答案，将面试可能出现的问题划分为如下几类（如图 6-2）：

图 6-2　面试问题的类型

（1）自我介绍

自我介绍是面试里的必问题，很大程度上，你适不适合这份工作，面试官在你自我介绍的阶段，已经基本决定了。因此建议在面试前结合公司特点、岗位要求及自身经历，专门撰写一份回答，并且背下来。自我介绍一般包括 4 点：

第一点，个人基本信息：个人名字、工作年限、毕业院校、所学专业；

第二点，个人亮点：最好是和岗位要求相关；

第三点，相关经历 / 项目案例：参考 STAR 法则（STAR 法则：项目背景→如何明确任务→采用何种行动方式→结果）；

第四点，应聘这家企业 / 这个岗位的原因。

这里给大家举个例子：

个人基本信息：我叫 ×××，××× 大学 ××× 专业毕业。有 × 年的创意文案工作经验，其中我在 ××× 方面的特长 / 我最大的特点是 / 我负责的……（给出相关经历 / 项目案例），应聘原因：企业文化 / 特色符合我的工作期望 / 工作能力，也很希望在这个行业 / 岗位成就自我。

（2）职场通用能力问题

该系列问题主要是用于考察面试者的反应能力、沟通能力、学习能力、问题解决能力和领导能力等职场通用能力。最为常见的是宝洁八大问：

第一问，请举例说明，你如何制定了一个很高的目标，并且最终实现了它。

第二问，请举例说明，你在一项团队活动中如何采取主动性，并且起到领导者的作用，最终获得你所希望的结果。

第三问，请详细描述一个情景，在这个情景中你必须搜集相关信息，划定关键点，并且决定依照哪些步骤能够达到所期望的结果。

第四问，请举例说明，你是怎样用事实促使他人与你达成一致意见的。

第五问，请举例说明，你可以和他人合作，共同实现一个重要目标。

第六问，请举例证明，你的一个创意曾经对一个项目的成功起到至关重要的作用。

第七问，请举例说明，你是怎样评估一种情况，并将注意力集中在关键问题的解决。

第八问，请举例说明，你怎样获得一种技能，并将其转化为实践。

针对这一类问题的回答技巧依旧是 STAR 法则（STAR 法则：项目背景→如何明确任务→采用何种行动方式→结果），可以直接选取自己的项目经历来举例。

（3）专业能力问题

专业能力层面的问题主要包括两种：原有工作经历提问和未来工作情景提问。原有工作经历提问：面试官会从简历中挑选其感兴趣的内容进行提问，从而用来确认你从前工作的真实性。未来工作情景提问：面试官会假设你在未来的工作中面临某类困难，你会如何思考和展开工作？回答技巧依旧是可以用上 STAR 法则。

（4）应聘者潜在忠诚问题

这类问题通常以“你对我们公司了解多少？”“你以前知道我们公司么”等提问形式出现，由于面试者普遍都是从搜索引擎上了解企业的信息，所以容易出现回答内容千篇一律的情况。那么如何才能够回答得出彩呢？我们要知道面试官之所以这样提问，除了想要考察面试者对于企业的了解程度，更重要的是想要问面试者“为什么你觉得我们公司最好？”因此，推荐的回答方法是“概况 + 细节 + 情绪”。概括围绕着企业的行业地位、发展规模即可，细节部分则是要选择经典故事中的闪光点，然后深受感染的情绪进行描绘。例如“你们某某海报文案实在写得太好了，以至于有一段时间我都拿来做签名！我至今都还记得那句话：×××××××，真心是太打动人心了！”

（5）面试者向面试官提问

这一部分基本上都是发生在面试快结束时，如何充分利用该机会更好地为自己加分呢？可以考虑从以下角度发问：

第一点，岗位：如果我能通过面试，我需要提前做什么准备工作呢？请问这个岗位后续的晋升机制是怎么样的呢？我的向上汇报对象是谁？这个岗位的 KPI 主要是怎么设定的呢？

第二点，部门：请问本部门的工作氛围如何？部门的人员架构如何？

第三点，企业：企业有专门的培训机制吗？企业是一种怎么样的文化风格呢？企业的发展目标是什么？

最后，记住以上 5 大类问题的回答要落实到纸面上，然后刻意牢记，面试才能表现得更好。

5. 在便携设备上保存完整的个人作品集

创意文案在面试过程中少不了要提到自己过去的工作案例，因此为了方便讲解自己的工作案例，可以将相应的文章、图片、视频等文件保存到自己的手机或者笔记本电脑中，等到面试阶段时方便调用出来。

这样，不仅能够向面试官展示自己对面试的重视程度，让其体会到自己的用心，而且还能够更好地展示自己出色的专业能力。

指南 4：搞定面试官的几大要点

如何顺利通过面试，这里建议从以下 4 个方面入手：

1. 面试问答

针对我们已经在提前准备过的问题，按照原有的思考结果回答即可。除此之外，还有不少压力型的问题，这里直接可以参考以下答案：

（1）你对加班的看法？

回答提示：

该问题主要是为了测试面试者是否愿意为公司奉献。

参考回答：

我觉得只要在职场工作过的人都是能够理解加班的，因为如果是工作需要，肯定是需要加班这样才能更好地完成项目。当然了，我觉得最重要的还是要提高工作效率和自己的工作技能，减少不必要的加班。

（2）谈谈你对跳槽的看法？

回答提示：

该问题主要是为了考察面试者的稳定。

参考回答：

跳槽是挺普遍的现象。不过我觉得也要看什么情况，如果是正常的“跳槽”，特别是对于员工来说，在一个传媒公司/广告公司做了很多年，想要进一步完善自己的能力，然后选择跳槽去甲方，实际上也是合理的。如果是频繁的跳槽，隔着几个月就换一家公司，我觉得这样对于跳槽者本身和公司来说，都是不好的。

（3）你为什么离职？

回答提示：

该问题主要是为了考察自身对于职业的规划和对于工作的态度，因为从面试官的角度来说，不希望面试者和前公司存在纠纷等不良原因，或者是面试者对工作热情不足，入职后没有几个月就又离职，所以建议面试者尽量挑一些主观上无法避免的原因，如公司的氛围和你想要的相去甚远（顺便夸夸新东家），家人生病自己回去照顾等。

参考回答：

在之前的公司氛围太压抑了，作为创意文案来说，还是更倾向一些活泼轻松的氛围才会更有利于能力的发挥。

2. 着装

对于创意文案普遍不大需要西装革履的严肃着装，只要干净整洁即可。当然，如果不是特别确定，可以咨询下相关人士，保证自己的着装符合要求。

3. 简历

虽然大多数企业都会自行提前打印你的简历，但还是可以自己随身携带两三份简历有备无患。

4. 精神风貌

面试过程中，保持微笑和轻松的心情，以自信、乐观和诚恳的态度面对面试官，这样才能更好地赢得对方的喜爱。